PAYS D'EXTRÊME ORIENT

PROPRIÉTÉ. — TOUS DROITS RÉSERVÉS.

DU MÊME AUTEUR :

L'ILE DE CEYLAN et ses curiosités naturelles. 1 vol. in-12. 12 grav. 5ᵉ édition. (Ouvrage approuvé par la Commission des Bibliothèques scolaires.)

MADAGASCAR ET LES MADÉCASSES, histoire, mœurs, productions du pays, curiosités naturelles. 1 vol. in-12. 1 grav. Nouvelle édition. (Ouvrage approuvé par la Commission des Bibliothèques scolaires.)

Douai (Nord).— Imprimerie Dechristé, rue Jean-de-Bologne.

OCTAVE SACHOT

PAYS D'EXTRÊME ORIENT

SIAM. — INDO-CHINE CENTRALE.
CHINE. — CORÉE.

VOYAGES. — HISTOIRE. — GÉOGRAPHIE.
MŒURS. — RESSOURCES
NATURELLES.

PARIS
VICTOR SARLIT, LIBRAIRE-ÉDITEUR
Rue de Tournon, 19

1874

AVANT-PROPOS

Les pays d'extrême Orient attirent en ce moment l'attention de l'Europe au moins autant au point de vue des transformations politiques qu'ils subissent, qu'au point de vue des importants débouchés commerciaux qu'ils offrent déjà à l'industrie occidentale, toujours en quête de marchés nouveaux, et de ceux bien plus vastes encore qu'ils sont appelés à lui offrir dans un avenir peu éloigné.

Nous avons pensé qu'une esquisse de la géographie, de l'histoire, des mœurs et des ressources naturelles de quelques-unes de ces curieuses contrées pourrait trouver accès auprès des lecteurs qui avaient fait un si favorable accueil aux cinq éditions successives de notre livre sur Ceylan (1).

Réserve faite de certains remaniements indispen-

---

(1) *L'Ile de Ceylan et ses curiosités naturelles*, 1 vol. in-12, approuvé par la Commission des Bibliothèques scolaires et honoré de plusieurs souscriptions du Ministère de l'Instruction publique. — Paris, 1869, 5e édition, Sarlit, éditeur.

sables pour donner un caractère d'ensemble à notre travail, les différents chapitres qui composent le présent volume ont paru tout d'abord en articles détachés dans la *Revue Britannique,* pour laquelle nous les avions ou analysés d'œuvres de longue haleine ou librement traduits de publications périodiques anglaises en possession d'une légitime notoriété. — Le mérite de ce livre, si le lecteur lui en trouve, appartiendra donc avant tout aux écrits originaux que nous avons mis à contribution en citant, d'ailleurs, dans la *Revue,* comme ce nous était un devoir, les sources où nous avons puisé. O. S.

PAYS D'EXTRÊME ORIENT

I.

LE SIAM ET LES SIAMOIS.

I.

GÉOGRAPHIE. — POPULATION. — BOTANIQUE. MINÉRALOGIE. — ZOOLOGIE.

La vaste région qui s'étend entre le Bengale et la Chine, est habitée par plusieurs races d'hommes qui ont entre elles certains points de ressemblance et d'analogie, mais qui présentent un contraste frappant avec les autres nations de l'Asie. Eu égard à leur civilisation et à leur importance politique, on peut les diviser en quatre classes. La première comprend les Birmans, les Pégouans et les Siamois ; la seconde renferme les habitants du Cambodje, du Laos et de l'Aracan ; la troisième ceux du Kassay, du Champa, du Cachar et de l'Assam ; dans la quatrième se groupent de nombreuses tribus sauvages ou à demi sauvages, dont les noms mêmes sont à peine connus en Europe.

Chez les plus importantes de ces nations, la conformation physique est, on peut l'affirmer, essentiellement la même ; leurs langues, bien que distinctes et diversement enrichies de dérivés sanscrits et chinois, ont une structure commune et ne présentent qu'un même idiome ; partout c'est la même forme de religion avec des variantes très peu sensibles ; enfin, ce sont les mêmes lois, la même littérature, les mêmes mœurs, les mêmes coutumes, les mêmes institutions. De sorte, qu'en traçant ici, comme nous nous le proposons, un tableau du royaume de Siam, nous offrons au lecteur une esquisse assez correcte de toute l'Indo-Chine.

Il est bon de remarquer aussi qu'à l'exception de l'Assam et de l'Aracan, la condition sociale de ce groupe de nations n'a pas eu à subir grand'chose de l'influence étrangère. Leurs frontières naturelles semblent avoir arrêté à la fois le courant de la conquête et celui de la civilisation. Tandis que, pendant une suite non interrompue de siècles, ces peuples ont vécu entre eux dans un perpétuel état de guerre, ils n'ont eu part ni aux maux immédiats ni aux bienfaits postérieurs qui eussent découlé pour eux d'une lutte, même malheureuse, avec quelque nation lointaine plus éclairée. L'extrême jalousie de leurs gouvernements a contribué à les tenir à l'écart, et ils se sont montrés si peu empressés à nouer des relations, soit politiques, soit commerciales, par delà leurs frontières, qu'ils sont encore fort peu connus des Européens.

Les Portugais, les Français, les Américains et les Anglais au Bengale, ont successivement fait des efforts pour obtenir chez eux un pied d'amitié ; mais jusqu'ici le succès n'y a pas beaucoup répondu, car ils ont toujours traité les Européens avec un certain dédain, et même avec hauteur chaque fois qu'ils l'ont pu faire impunément. Quelques-uns des ambassadeurs immiscés dans ces négociations se sont donné les plus grandes peines pour s'éclairer sur le caractère, les mœurs et la condition sociale du peuple, ainsi que sur les ressources naturelles du pays, et c'est surtout à leurs recherches que nous devons les détails que nous possédons.

Le royaume actuel de Siam se compose du Siam proprement dit, d'une grande partie des territoires du Laos et du Cambodje et de certains Etats tributaires malais. Dans cette large acception du mot, le Siam s'étend du 96ᵉ au 102ᵉ degré Est de longitude environ, et de 5° à 21° latitude Nord. On estime sa superficie à 190,000 milles géographiques. Il a 1400 kilomètres du Sud au Nord sur 300 de largeur moyenne.

Ce pays est sillonné d'un grand nombre de petites rivières, mais il n'a que trois grands cours d'eau navigables : le Ménam, la rivière de Cambodje et celle de Martaban. *Ménam* est le mot générique qui désigne une rivière, mais il s'applique par excellence à la grande rivière des Siamois. Le *Ménam*, ou *Méïnan*, ou encore *Mé-Nam*, traverse leur territoire d'un bout à l'autre, et ils en ont la navigation dans presque toute sa longueur. A l'exception du Siam proprement dit, ce pays est montagneux, et la grande chaîne de montagnes qui descend des frontières du Nord à celles du Midi n'a pas moins, dans certains endroits, de 1500 mètres d'élévation.

Outre les races indigènes de ces régions, l'empire renferme beaucoup d'étrangers originaires du Pégou, venus là pour fuir l'oppression du gouvernement birman ; un nombre considérable d'Hindous, la plupart mahométans ; et un plus grand nombre encore de

Chinois et de Cochinchinois, qui viennent en Siam pour y faire leur fortune dans le commerce et les arts mécaniques, et qui, n'étant point accompagnés de leurs familles, finissent ordinairement par s'y marier et par y embrasser le culte religieux de leur patrie adoptive. On rencontre aussi quelques individus d'origine européenne, presque tous, sans exception, descendants des premiers colons portugais. Chacune de ces classes d'étrangers a un fonctionnaire chef, pris dans son sein, à qui l'on en réfère dans tous les différends.

Les Siamois se donnent le nom de *Thaï*, qui, dans leur langue, signifie « les libres. » *Sëam* est, dit-on, le même mot en langue pégouanne, et de ce mot est venu le nom que leur ont donné les Chinois, les Malais et les Européens qui, probablement, les ont connus d'abord par les Pégouans. Il y a, paraît-il, deux races de Siamois : les Thaï-Noé, ou Bas-Siamois, qui habitent la plaine ; et les Thaï-Yai, ou Siamois Supérieurs, race plus hardie et plus indépendante, laquelle, à une époque reculée, paraît s'être retirée dans les montagnes pour échapper à la servitude qui pesait sur les parties plus favorisées du territoire, de même que les anciens Bretons se sont retirés dans le pays de Galles devant leurs envahisseurs saxons.

Le Siam propre, patrie des Bas-Thaï, est une vaste plaine coupée par la rivière Ménam, qui inonde annuellement le pays et sur les bords de laquelle sont situées toutes les principales villes. En conséquence de ceci, le peuple est tellement *aquatique* dans ses habitudes, que les maisons sont rarement situées à plus de cent ou deux cents mètres de l'eau. La ville de « Siam, » dite aussi *Youdra, Juthia, Sy-yo-thy-ya* et *Douaraouaddi*, capitale du royaume, fut abandonnée après la conquête birmanne, et Bankok fut choisie pour lui succéder comme étant plus rapprochée de la rivière et mieux située pour le commerce. Cette dernière ville peut passer presque pour une ville flottante. Elle a été jusqu'à ces derniers temps le siége du commerce le plus important et le plus actif de tous les ports du continent indien, au-delà du Gange. Sous une bonne direction, il n'y aurait pas de raison pour qu'elle ne devînt pour Calcutta une rivale et même une rivale redoutable.

La valeur totale des exportations ne va pas à moins de 25 millions de francs. Les principaux articles de commerce sont le sucre, les bois de sapan, les bois de construction, l'étain, le riz, la laque, la gomme, la gomme-gutte, l'ivoire, le poivre et le coton. Le prix d'exportation du sucre est d'environ 40 centimes par kilogramme. Les principaux objets d'importation sont : les armes, les munitions, les ancres, les marchandises à la pièce, la coutellerie, la faïence et les glaces.

Le climat du Siam et son sol, dans la partie accessible à l'inondation, sont éminemment favorables à la végétation, et capables de donner toutes les riches productions qui rendent le Bengale si célèbre. Le riz est de qualité excellente et meilleur marché qu'en aucun pays du monde ; rarement il monte à plus de 2 fr. 50 c. les 50 kilogr. On y cultive beaucoup le cocotier, et la fécondité de cet arbre est remarquable ; il donne une immense quantité d'huile qui s'exporte à bas prix. Bankok est entourée d'une forêt d'arbres fruitiers dont les produits sont aussi variés qu'exquis ; ils surpassent ceux du Bengale, de Bombay, de Ceylan et de Java. Les fruits les plus recherchés sont ceux du manguier, du mangoustan, du durion, du lichi, l'orange et l'ananas. Il en est qui semblent de nature exotique ; ainsi le Siam paraît devoir à ses relations avec les Européens, le goyavier *(psidium pomiferum)* et le figuier-papia *(carica-papaja)* qu'on y appelle le bananier des Franks.

La culture de la canne à sucre a commencé, il y a cinquante ans environ, parmi les colons chinois, et l'exportation de ce produit excède maintenant 6 millions de kilogrammes. Les cultivateurs sont Siamois, mais les raffineurs sont exclusivement des Chinois. Le poivre, qui paraît être indigène, fournit un rendement annuel d'environ 4 millions de kilogrammes. Là-dessus, le roi de Siam en retient les deux tiers qu'il paie au cultivateur à raison de 25 francs le *picul* ou 60 kilogrammes environ. Le cardamome, autre produit de la côte du Malabar, pousse dans les mêmes endroits que le poivre ; les capsules en sont trois fois plus grosses et plus belles qu'au Malabar, et la graine est très-aromatique. On en trouve aussi dans les districts voisins du Cambodje et les forêts qui les produisent sont des domaines royaux sévèrement gardés. C'est une denrée fort recherchée en Chine, et sa majesté siamoise en obtient souvent 800 fr. du picul.

Les autres produits importants sont le tabac, plusieurs espèces de coton, une gomme qui ressemble au benjoin et la gomme-gutte. Cette dernière se tire d'une espèce de garciniée au moyen d'incisions faites à l'écorce. La gomme s'en échappe librement et on la recueille dans des vases suspendus aux branches à cet effet. Une fois dans ces vases, elle se durcit vite et il n'est plus besoin d'autre préparation.

Un autre produit singulier et d'une valeur fort importante, c'est celui qu'on appelle agila, aigle, ou bois d'aloès, qui se trouve sur un grand arbre forestier des régions montagneuses de l'équateur. Le Dr Roxburgh a introduit ce végétal dans le jardin botanique de Calcutta sous le nom de *aquilaria agallocha*. Il est de la classe des décandries et de l'ordre des monogynies. Il a une ombelle pour inflorescence ; une drupe pour fruit et sa feuille est lancéolée. Ce bois poreux, odorant, vient, dit-on, d'une maladie de l'arbre, et sa présence est plus ou moins fréquente, selon le sol et le climat. Les mêmes causes lui donnent des qualités matériellement différentes ; mais le meilleur est celui qu'on trouve sur la côte orientale du golfe de Siam, à 13° 30' latitude et au-dessous.

Le bois de sapan *(sapan cæsalpinia)*, fort estimé pour sa couleur rouge, est un des produits les plus abondants des forêts du pays, et au point de vue de la quantité, sinon de la valeur, il forme la partie la plus considérable des exportations siamoises.

Il y a encore un grand arbre au bois rouge veiné, qu'on exporte beaucoup pour l'ébénisterie, et d'immenses forêts de teck, bois qui se consomme en grande partie dans le pays.

L'étude de la minéralogie et la géologie du Siam a été jusqu'ici tout-à-fait négligée, et le peu qu'on sait vient des rapports des indigènes plutôt que de l'exploration scientifique personnelle des voyageurs.

Ce qu'il y a de sûr, néanmoins, c'est que l'étain se rencontre dans toute la péninsule malaise. Le minerai, autant qu'on a pu s'en assurer, est toujours à l'état d'étain commun ou oxyde d'étain, et se trouve dans les terrains d'alluvions.

L'or paraît avoir une situation géognosique identique, et l'on prétend qu'à Bang-ta-pan le minerai a plus de 19 carats. Cependant toute la quantité d'or qui s'obtient ne suffit pas aux besoins du pays, à cause de l'immense prodigalité avec laquelle on l'emploie dans l'ornementation des temples et des idoles. De tous les métaux, le fer est relativement le plus abondant et, quoique les mines soient bien avant dans les terres, elles sont cependant si fécondes et si proches de la rivière, qu'à Bankok la fonte ne coûte pas plus de 7 à 8 francs le picul. Le cuivre, le zinc, le plomb et l'antimoine se trouvent également dans ce pays, qui semble aussi riche en minéraux qu'il l'est en végétaux.

La zoologie du royaume de Siam n'a rien qui ne soit déjà connu. L'ours qu'on y rencontre paraît être le même que celui de Bornéo et de la péninsule malaise. Les rivières recèlent une espèce de loutre qui n'est autre probablement que la *leutra septonix*. Le chien domestique, un affreux mâtin à l'oreille droite et pointue, y pullule jusqu'à devenir une véritable plaie, et là, comme partout ailleurs en Orient, il est errant et sans maître, type frappant de misère et d'abjection. On n'y connaît aucune autre variété de l'espèce canine; quant à la race féline, on n'a remarqué que le chat ordinaire, le tigre royal et le léopard. On exporte en Chine non seulement la peau, mais, chose remarquable, les os du tigre, auxquels les Chinois attribuent des vertus médicinales.

Le Siam est considéré comme le pays des éléphants par excellence et celui où ce pachiderme atteint son plus haut point de perfection. Bien que dans la capitale l'usage de ces animaux soit exclusivement réservé aux personnes de haut rang, on s'en sert librement dans toutes les autres parties du royaume et comme montures et comme bêtes de somme. Dans le Laos ils sont, dit-on, si communs, qu'on les emploie à porter « même les femmes et le bois de chauffage. » L'éléphant blanc, objet d'une vénération si profonde, est une variété accidentelle de l'espèce, analogue à tous égards à ce qui arrive chez les autres races d'animaux, sans en excepter la race humaine. Ce sont, purement et simplement, des albinos, avec toutes les particularités inhérentes d'ordinaire à ce produit anormal. Mais on a observé que chez ces éléphants, les organes visuels sont évidemment doués de toute leur force et qu'ils ne souffrent en aucune façon de la lumière; la seule chose remarquable, c'est que l'iris est blanc.

En 1822, le roi de Siam possédait trois de ces animaux, circonstance considérée comme éminemment heureuse pour la prospérité de la nation. Les Siamois s'imaginent que le corps de l'éléphant blanc sert de demeure passagère à une âme en bonne et prompte voie de perfection, et, en conséquence, l'heureuse bête est traitée chez eux presque comme une royauté ; elle est surchargée de bijoux, elle a un nombreux personnel de serviteurs, et ses jours s'écoulent dans un paisible et doux *far niente*.

En fait de ruminants, le Siam produit la chèvre, le bœuf, le buffle, et sept espèces de daims. La vache ne donne que peu de lait ; son rôle, sous ce point de vue, appartient plutôt à la femelle du buffle ; du reste, les indigènes ignorent l'art de convertir en beurre cet utile aliment.

On paraît faire en Siam très peu de cas de la chèvre, et, quant au mouton, il y est complètement inconnu. Les singes y sont fort nombreux et semblables à ceux de tout l'archipel indien déjà décrits par les naturalistes. On a longtemps conservé dans le palais du roi de Siam deux singes blancs, objets de la curiosité générale. Ils avaient la taille d'un petit chien et étaient, sous tous les rapports, de parfaits albinos. Leurs corps étaient couverts d'une fourrure aussi blanche que la robe du lapin le plus blanc. Leurs lèvres, leurs yeux, leurs pieds avaient la pâleur inanimée de l'albinos humain, et l'ensemble de l'iris, le globe de l'œil, la fatigue qu'ils éprouvaient de la lumière, leur air gauche même, venaient encore ajouter de nouveaux points de ressemblance entre eux et cette malheureuse variété de notre espèce. Ils n'avaient presque rien de la vivacité et de la malice qui caractérise si bien la race des singes, et l'on eut dit qu'ils ne servaient dans le palais qu'à faire bonne garde auprès des éléphants blancs, pour éloigner d'eux le malin esprit. Nous ne saurions dire s'ils ont été remplacés.

Le pays est riche en reptiles et offrirait un vaste champ aux investigations de la science. Les tortues et les crocodiles sont moins nombreux dans le Ménam que dans le Gange ; mais la tortue verte abonde auprès de certaines îles du golfe, et les œufs de ce testacé, qui sont un aliment très recherché, forment une branche considérable du revenu royal. Le boa constrictor atteint en Siam l'énorme longueur de 6 à 7 mètres ; les serpents y pullulent. Parmi les nombreuses et belles espèces de lézards, on cite le fameux « gecko de Siam, » qui se rencontre aussi en abondance à Java et dans les autres îles des Indes-Orientales. Il aime les ténèbres, et le cri aigu et monotone qu'il jette dans le silence des nuits, est d'une tristesse insupportable.

Le seul insecte qui mérite d'être signalé au point de vue de son utilité, c'est le *Coccus lacca*, qui produit la gomme qu'on appelle la gomme laque, et dont on a fait un commerce si important au Bengale durant ces derniers trente ans, depuis qu'on a découvert un procédé économique d'en obtenir une matière colorante estimée. Ce produit abonde dans les forêts du Laos, et il est infiniment supérieur à la laque du Bengale et du Pégou. On dit que dans certaines parties du Siam on élève l'insecte à laque comme on fait au Mexique du coccus-cacti, et qu'il produit une variété de cochenille non moins bonne.

Les fourmis blanches sont incommodes à l'excès. Les missionnaires français n'avaient d'autre moyen de préserver leurs livres de cette vermine, que d'en vernir les tranches avec une gomme appelée « cheyram », enduit transparent comme une glace et qui résiste à la voracité de ces terribles bêtes. Heureusement, les inondations périodiques de la rivière détruisent un nombre immense d'insectes, qui autrement deviendraient presque intolérables.

II.

HABITANTS. — COSTUMES. — HABITATIONS. — CONDITION CIVILE.

La taille moyenne du Siamois est d'environ un mètre soixante centimètres. Les bras sont longs, les membres inférieurs massifs, et le corps incline à l'obésité. La figure est remarquablement large et aplatie, la protubérance extraordinaire des os malaires donne au visage plutôt la coupe d'un losange que la forme ovale du beau type européen. Le nez est petit, la bouche est large, et les lèvres, épaisses mais non saillantes, sont d'une couleur extrêmement vive, à cause de l'habitude constante qu'ont les Siamois de mâcher de l'arec et du bétel. Les yeux sont petits et noirs et le front est extraordinairement bas. Le teint est plus beau néanmoins qu'il ne l'est généralement par delà le Gange. Le ton de la peau, tant soit peu jaune, se trouve encore rehaussé par l'emploi d'un cosmétique qui lui donne presque la couleur de l'or. En général, l'expression de la physionomie, au moins chez les hommes, a quelque chose de triste, de sombre et même de sinistre, en même temps que la désinvolture est lourde et la démarche disgracieuse.

Les Siamois des deux sexes s'habillent à peu près de même et portent moins d'habits qu'aucun des autres peuples même à moitié barbares de l'Orient. Leur principal vêtement est un pagne, pièce de soie ou de coton longue d'environ trois mètres, qui entoure les reins et les cuisses et est fermée par devant en laissant entièrement nus les genoux et les jambes. Par dessus ce vêtement, les gens riches portent souvent un crêpe de Chine ou un châle de l'Inde, et la seule autre partie essentielle du costume est une étroite écharpe d'à peu près deux mètres de long, qui se tourne autour de la taille ou se jette négligemment sur les épaules, de sorte que la partie supérieure du corps est très à l'aise mais fort imparfaitement couverte.

Les couleurs favorites sont brunes et foncées; le blanc n'est porté que par les talapoinesses, secte religieuse de recluses, et par les serviteurs laïques du temple, deux sortes de gens qui ne sont guère plus respectés les uns que les autres. Le blanc est également la couleur du deuil. Hommes et femmes portent les cheveux ras, sauf sur le sommet de la tête, à partir du front, où ils ont presque deux pouces de long et se tiennent hérissés à cause du pli qu'on leur fait prendre. Le reste de la chevelure est rasé chez les hommes et seulement coupé court chez les femmes ; mais, comme le rasoir ne fait pas sa besogne très régulièrement, il est difficile en général, pour l'étranger, de distinguer les hommes des femmes.

Il n'est pas d'Européen qui mette plus de soin à entretenir ses dents blanches, que n'en met le Siamois à noircir les siennes. A cet effet, dès l'âge le plus tendre, il les frotte avec une teinture indélébile sans cependant en détruire l'émail comme les naturels de l'Archipel indien. Il ne se défigure pas non plus le corps par le tatouage, comme les Birmans et les Pégouans. Mais, ainsi que les autres Orientaux, il laisse ses ongles pousser jusqu'à une longueur incommode, et les gens de haut rang s'en mettent même d'artificiels en métal.

Les maisons sont bâties sur pilotis au-dessus de la rivière ou flottent sur des radeaux amarrés au rivage. Chaque habitation est isolée ; ce n'est à vrai dire qu'une grande boîte oblongue de bois, couverte d'un toit de feuilles de palmier. Une échelle, placée à l'extérieur, y donne accès, et à chaque maison est attaché un petit bateau pour l'usage de la famille. Ces demeures flottantes renferment les plus riches marchandises de la ville. Les objets y sont étalés sur un amphithéâtre de gradins, au bas desquels les boutiquiers sont assis sur le parquet. Les maisons consistent en un seul étage divisé en plusieurs petites pièces, parmi lesquelles on réserve celle du milieu aux dieux domestiques.

Les meubles sont rares et simples, ils se composent ordinairement de nattes sur lesquelles dorment et s'assoient les hôtes du logis ; d'une table sans pieds et ressemblant assez à un tambour ; de quelques ustensiles culinaires de fer, de cuivre ou d'étain ; de quelques vases de porcelaine ou d'argile, et de plusieurs seaux de bambous faits avec assez de soin pour que l'eau ne s'en échappe pas. Les classes aisées ont une espèce de couchette, leurs murs sont tapissés de coussins pour qu'on puisse s'y appuyer, et leurs appartements sont garnis de certains articles d'Europe tels que des lampes et des glaces, ornements qui jouissent d'une grande faveur. Mais de la population en masse on peut dire qu'elle est riche de sa pauvreté, attendu que ses besoins sont fort peu nombreux. Les Siamois se nourrissent en grande partie de riz et de poisson, et avec un ou deux centimes de chacun de ces aliments, un homme vit une journée entière.

Voici donc un pays aussi riche peut-être en ressources naturelles que l'Inde elle-même, plus favorablement situé pour les entreprises commerciales, et qui cependant est habité par un peuple qui vit dans ce que nous appellerions une misère abjecte. Il y a deux siècles au moins, la nation siamoise avait fait quelques progrès dans la voie de la civilisation ; mais les développements de sa puissance ont été depuis tellement faibles et lents, que les descriptions que La Loubère et autres ont faites, au XVIIe siècle, du royaume de Siam et des Siamois, ne diffèrent qu'en fort peu de choses de celles qu'ont fournies les voyageurs du siècle présent.

Ce n'est point une nation errant par les monts et les plaines dans la rudesse sauvage d'une vie sans frein ni loi ; ce n'est point non plus une réunion d'hommes qui, ayant la conscience de leur force, secouent les vieux langes de la barbarie et recherchent avec ardeur les bienfaits de l'ordre social et de la civilisation : c'est tout simplement un peuple doux, inoffensif, suffisamment intelligent, organisé en société, et, malgré cela, tenu de génération en génération dans un état d'enfance, coulant ses jours au sein des puérilités les plus sottes, obéissant au bon ordre par crainte du bâton, et incapable de concevoir le rêve d'une indépendance civile et intellectuelle qui le mènerait à une position plus heureuse.

Nous allons rechercher les institutions civiles et religieuses au moyen desquelles cet état de choses s'est maintenu, ainsi que les mœurs et les coutumes singulières qui en sont nées. Nous tâcherons en même temps d'examiner jusqu'à quel point il serait possible d'espérer relâcher ces liens funestes, et ce qu'il y aurait à faire pour faciliter une émancipation physique et morale si désirable à tous égards.

III.

GOUVERNEMENT. — INSTITUTIONS CIVILES. — COMMERCE. REVENU.

La constitution politique du royaume de Siam est le despotisme pur. Il n'existe ni aristocratie héréditaire, ni assemblée législative d'aucune espèce pour circonscrire l'autorité ni contrôler les actes du monarque. Il y a bien une noblesse ; mais, à part quelques exceptions dans les provinces éloignées, cette noblesse ne résulte que de certaines charges dans les plaisirs du roi, et elle expire avec l'emploi auquel elle est attachée. Il y a aussi des lois ; mais ce sont les lois du roi, et non pas celles du pays. Il arrive même souvent qu'un nouveau souverain, à son avénement au trône, donne une nouvelle édition du code avec tous les changements arbitraires qu'il juge convenable d'y introduire. La monarchie n'existe pas pour le peuple, c'est le peuple qui existe pour la monarchie. Le roi est le maître absolu des biens, de la liberté, et même de la vie de ses sujets. L'inévitable résultat de ceci, c'est la compression et la mort de toute espèce de progrès ; car quel homme songerait à donner l'essor à son industrie ou à son génie, quand il sait qu'un gouvernement rapace en peut confisquer les résultats, et qu'il sera, lui-même, la victime de ses peines ? Plus un individu est obscur et moins il est connu de son souverain, plus il a de chance de liberté et de richesse.

Un des traits les plus odieux du gouvernement siamois, c'est la fréquente application des châtiments corporels. Le bâton est le grand redresseur de tous les maux moraux, sociaux ou politiques. Les plus grands officiers du royaume sont justiciables du bâton, comme des enfants, sur l'ordre du monarque, et chaque officier supérieur a semblable pouvoir sur ses subordonnés. L'opinion publique est tellement accoutumée à ce genre de justice distributive, qu'elle n'attache aucune infamie à la peine une fois subie, et un dignitaire de l'Etat reprend ses fonctions après un châtiment pareil, comme si de rien n'était.

La personne du roi de Siam est spécialement sacrée. On sait qu'il est des dévots fervents qui ne prononcent jamais le nom de la Divinité sans s'incliner. Eh bien ! les mœurs siamoises vont plus loin, et l'on commande un tel respect pour la majesté terrestre, qu'il est interdit de prononcer jamais le nom du prince. Il ne faut pas non plus s'informer de sa santé ; cela laisserait supposer que les infirmités physiques lui sont communes avec le reste des hommes. Durant sa vie, la qualité d'héritier du trône n'existe pas, car « imaginer la mort du roi, » même dans le sens propre du mot, serait un crime de haute trahison. On se prosterne en sa présence, et les discours qu'on lui adresse sont toujours précédés d'un préambule dans le genre de celui-ci : « Très-haut seigneur, souverain des princes, que le maître des existences marche sur la tête de son esclave qui, ici prosterné pour recevoir la poussière dorée de ses pieds divins, lui fait humblement savoir qu'il a quelque chose à lui soumettre. »

Le trait le plus important du gouvernement, c'est la conscription qui pèse sur l'universalité des individus, conscription d'après laquelle tout homme au-dessus de vingt ans est personnellement astreint, pendant quatre mois de l'année, à servir le roi soit comme soldat, soit comme employé civil. On peut le forcer aux fonctions les plus serviles du palais, il n'y a pas de dispense possible. Les personnes exemptées du service sont les talapoins ou prêtres, la population chinoise qui, en revanche, paie à cet effet une capitation, les esclaves en général, et tout homme ayant trois fils en âge de servir. Anciennement, au lieu de quatre mois, ce service forcé était de six mois ; c'est ce dernier chiffre que donnent les auteurs français de la fin du XVIIe siècle.

Toute la population, ainsi enrôlée au service de

l'Etat, se divise en deux classes appelées l'une division de droite, l'autre division de gauche. Ces deux divisions principales sont, à leur tour, subdivisées en compagnies de mille, de cent et de dix hommes, commandées chacune par un officier qui prend son rang et son titre du nombre de personnes placées sous ses ordres.

Tous les rois de Siam ont l'habitude de donner audience à leurs principaux officiers soir et matin à dix heures. Dans ces réceptions le prince fait à chacun d'eux quelques questions touchant leurs départements respectifs, et décide sur l'heure les quelques points simples et faciles qui lui sont soumis. Parfois il les examine sur leur science du livre appelé Pra-Tam-Ra où sont expliqués les devoirs de chacun, et il fait châtier ceux dont les réponses laissent à désirer. S'il arrive qu'il se tienne quelque chose comme un conseil, les ministres s'appliquent infiniment plus à découvrir le sentiment du roi qu'à exprimer le leur, car ils courent le risque d'être punis en différant d'avis avec Sa Majesté.

Comme à tout officier public appartient le droit d'infliger une peine sommaire à tous ses subordonnés, en revanche on le rend souvent responsable de leurs fautes ; c'est ainsi que, fréquemment, les parents partagent le châtiment infligé à leurs enfants pour ne pas les avoir mieux élevés. La Loubère a vu un officier obligé de porter trois jours à son cou la tête d'un homme qui avait commis un crime capital : la faute de l'officier n'était autre que d'avoir eu le criminel sous sa juridiction et de ne pas l'avoir surveillé plus attentivement. Espérons que cette peine a disparu du code siamois.

La délation, cet acte odieux, est imposée à tous sous les peines les plus sévères. Quiconque a vu commettre un crime est forcé, pour sa propre sûreté, d'aller dénoncer le coupable, parce que, si le fait arrive à la connaissance d'une autre personne qui le révèle, on punit le témoin qui a gardé le silence. Le roi entretient d'ailleurs un grand nombre d'espions, qui sont interrogés séparément sur tout ce qu'ils observent; ce qui n'empêche pas Sa Majesté d'être trompée, car le grand but des courtisans est de faire que le prince soit toujours content, et, à cette fin, toute vérité désagréable lui est soigneusement cachée tant qu'il y a chance de le faire avec impunité.

L'idée de grandeur dans un monarque siamois n'est pas d'être terrible pour ses ennemis, mais bien pour ses sujets, et comme un gouvernement aussi arbitraire et aussi injuste ne peut raisonnablement avoir confiance en ses administrés, on dirait qu'il existe en Siam une crainte perpétuelle d'insurrection et de révolution. Telle est la seule explication à donner de la terreur panique et de la défiance qu'a toujours causées la présence de visiteurs européens. Elle n'est pas sans raison, car il y a peu d'affection dans le peuple pour la personne du souverain. On le considère bien, il est vrai, comme le fils adoptif du Ciel, on lui accorde bien une âme céleste; mais si, par hasard, quelques-uns de ses sujets tentent de secouer le joug et en appellent à la révolte, le reste peut croire aisément que la faveur céleste est passée du roi aux rebelles. L'autorité à laquelle tout le monde semble s'en rapporter, c'est celle qui repose dans le sceau royal, et l'on obéit à quiconque porte cette empreinte, sans s'inquiéter beaucoup de la personne qui la tient. Le monarque le comprend parfaitement, aussi ne laisse-t-il jamais un seul instant, en d'autres mains que les siennes, ce précieux instrument de puissance.

Le palais a trois enceintes extrêmement distantes les unes des autres. Aucune arme ne peut franchir la première, et telle est la défiance continuelle, que même les gardes-du-corps du souverain sont désarmés. Excepté les heures consacrées aux conseils dont nous avons parlé, le roi passe tout son temps dans son palais au milieu de ses femmes et de ses prêtres. Tous les officiers des appartements privés sont des femmes ; ce sont elles qui habillent et déshabillent le roi, qui apprêtent ses aliments et qui le servent à table. Il y a nonobstant des fournisseurs qui apportent les provisions et les délivrent aux eunuques, lesquels, à leur tour, les transmettent aux femmes. Il y a aussi des officiers mâles de la garde-robe ; parmi eux, le plus haut gradé est celui qui touche le chapeau du roi.

Les revenus du gouvernement siamois viennent des différentes sources que voici : — impôt sur les spiritueux qu'on distille du riz dans tout le royaume, et qui se monte annuellement à 1,500,000 francs environ ; impôt sur les maisons de jeux, qui donne un total à peu près pareil ; impôt sur la pêche dans la rivière du Menam, qui rapporte environ 200,000 fr. ; impôt sur les boutiques, mesure basée sur un arbitraire grossier, produisant environ 400,000 fr. Il y a en outre certains profits sur le commerce et les douanes, un impôt sur les arbres fruitiers, un impôt foncier, les corvées, une capitation sur les Chinois, et des tributs.

Le roi est à la fois monopoleur et trafiquant. Sur

certains produits, comme l'étain, l'ivoire, le cardamone, le bois d'aigle, le bois de sapan, la gomme-gutte, les nids de salangane et les œufs de tortue verte, il prélève un droit exclusif ; sur d'autres denrées, comme le sucre et le poivre, il exerce une influence arbitraire pour en obtenir autant qu'il veut au prix qu'il lui plaît ; sur plusieurs autres, il se contente d'un impôt en argent ou d'une contribution en nature.

Quant aux importations, chaque fois qu'il arrive un navire, les officiers du gouvernement choisissent dans la cargaison un lot considérable des articles de l'écoulement le plus facile, et ils les taxent ensuite aux prix qu'ils en veulent obtenir. Il est défendu à tout marchand, sous peine d'une lourde amende ou d'un châtiment corporel, de faire des offres pour les marchandises jusqu'à ce que les agents de la couronne aient ce qu'ils désirent. La réciproque a également lieu pour le marchand étranger, quand il s'agit d'exportation. Les officiers du gouvernement achètent les marchandises à bas prix et les vendent à l'exportateur à des conditions arbitraires (1). Seuls, les résidents chinois, grâce à leur nombre et à leur influence, se sont affranchis de cette difficulté, et naturellement leur commerce s'en est accru et prospère.

Les indigènes ont aussi peur de la mer que les anciens Persans, et dussent-ils y trouver de l'avantage, il est peu probable qu'ils voulussent se hasarder dans des spéculations à l'étranger. Toujours est-il que cette intervention arbitraire du gouvernement dans les

---

(1) Le monarque actuel a, paraît-il, refusé de continuer ce genre de spéculation.

affaires commerciales, a été le grand et le seul obstacle au commerce européen dans le Siam, car les droits ne sont pas lourds, le pays abonde en productions favorables au commerce étranger, et la propriété y est suffisamment sûre.

La conscription et les corvées sont, non-seulement les impôts les plus durs pour le peuple, mais elles forment encore la branche la plus considérable du revenu royal. Estimé en argent, même à une moyenne très-faible, ce genre d'impôt peut aller à 30 millions de francs ; mais ce chiffre est plutôt une preuve du tort immense que cause l'emploi de moyens pareils, que de la valeur réalisée. La composition payée par les Chinois est estimée à plus de 625,000 fr. Le total des revenus publics s'élève à quelque chose comme 75,000,000 fr. sur lesquels 1,375,000 fr. se paient en argent ou en produits facilement convertibles en argent, somme insignifiante pour un pays si heureusement doué sous le rapport des facilités commerciales intérieures et extérieures.

En supposant que ces calculs, qui sont ceux de l'ambassadeur anglais de l'ambassade de 1823, et qu'ont trouvés exacts les voyageurs subséquents, soient aussi près que possible de la vérité, ils prouvent cependant un grand accroissement dans la richesse publique depuis l'ambassade de La Loubère, qui estime le revenu royal en argent à deux millions de livres tournois. Il faut attribuer cette amélioration à la longue tranquillité dont a joui ce pays depuis l'expulsion des Birmans, et à l'émigration considérable des industrieux et intelligents enfants de la Chine, en conséquence des priviléges qui leur ont été accordés.

Le gouvernement siamois n'a pas, en général, d'administration fiscale distincte. Le département du commerce et celui des douanes et des monopoles, est confié à un ministre appelé le Phra-Klang ; mais les agens, ses subordonnés, sont les mêmes qui dirigent toutes les parties de l'administration. Dans les provinces éloignées, les vice-rois paraissent agir en cette matière sous leur propre responsabilité, se contentant d'envoyer dans la métropole le revenu par eux perçu. Comme rémunération de leur peine, ils reçoivent un dixième du total et jouissent du service d'un certain nombre de conscrits.

Les recettes et les dépenses de l'Etat se balancent à peu près, paraît-il, de sorte que le trésor public renferme rarement plus de 750,000 francs en monnaie indigène, quelques dollars espagnols et un certain nombre de lingots chinois tout prêts à être frappés.

Il y a trois sceaux royaux et à ces trois sceaux s'attache une grande importance. Celui qui sert à la correspondance avec les puissances étrangères a pour empreinte un lion ; le second, employé dans les affaires de moindre gravité, porte une figure humaine tenant une fleur de lotus ; le troisième affecté aux affaires courantes quotidiennes, ne porte qu'une fleur de lotus seule. La bannière du royaume est un éléphant blanc en champ cramoisi.

IV.

RELIGION DU BOUDDHISME. — PRÊTRES. — TEMPLES. CULTE.

A côté du gouvernement et de l'administration civile, se place la religion dominante du royaume, qui mérite aussi notre attention à cause de l'influence importante qu'elle exerce sur la condition du peuple. Le bouddhisme est le culte presque universel de tous les pays situés entre le Bengale et la Cochinchine, et, chose bien digne de remarque, jamais aucune nation de cette croyance n'a atteint un haut rang dans les arts ou les armes, ni produit d'individus qui se soient fait connaître au monde comme législateurs, écrivains, guerriers ou fondateurs de sectes nouvelles. Le bouddhisme de l'Inde paraît être le même que celui de Ceylan, d'où on le croit venu ; mais il diffère matériellement de celui de la Tartarie, de l'Hindoustan, de l'Annam, de la Chine et du Japon. Son principal dogme est partout la métempsycose ou la transmigration des âmes. Il enseigne que toute la nature est non-seulement animée mais sensible, et que, par conséquent, en tranchant les branches d'un arbre, on amène dans la vie générale la même perturbation que dans le corps humain par l'amputation d'un membre.

Les bouddhistes croient que le monde matériel aussi bien que le monde spirituel a existé de toute éternité, et qu'il est destiné à subsister éternellement. Toutes les âmes sont de la même nature, qu'elles habitent l'enveloppe corporelle d'un homme, d'une bête ou d'un végétal. Leur condamnation à cet accouplement avec la matière est leur peine et leur destin, la plus haute félicité consistant à n'être accouplé à rien et à demeurer dans un état de repos complet. Ils supposent qu'après avoir accompli un nombre suffisant de transmigrations et fait preuve des vertus obligatoires dans chaque état, les âmes des bons sont accueillies dans une succession de cieux et admises à la fin à cet état de perfection dans lequel il n'est plus de naissance ni de mort, et où elles sont affranchies des soucis et des passions qui incombent à toutes les autres conditions de l'existence. Ce repos reçoit ordinairement le nom de *Ni-ri-pan*, corruption probable du mot pali qui signifie « tout fini » ou « extinction de tout. » D'un autre côté, malgré leur croyance à plusieurs régions de châtiments en dehors de ce monde, l'enfer, qui constitue l'éternel tourment des méchants, consiste à souffrir une suite infinie de transmigrations sans possibilité d'arriver jamais au Ni-ri-pan.

Les Siamois ne sauraient comprendre nos notions abstraites d'une âme immortelle et immatérielle. Ils prêtent à toutes les âmes la forme humaine, et leur donnent une organisation matérielle, organisation assez subtile néanmoins pour se dérober à la vue et au toucher. En un mot, leur plus haute idée de l'esprit séparé de la matière, semble correspondre à peu près à l'idée que se faisaient les Grecs et les Romains des mânes et des ombres, et ces ombres sont l'objet de leur culte.

Bouddah paraît être le terme générique d'incarnation divine ; mais il est probable que ce fut jadis un nom propre. Il y a eu quatre Bouddah dans ce monde, dont le dernier, Gaudama, qui jouit d'une grande vénération, doit être, dans quelques milliers d'années, remplacé par un autre appelé Arimadayeh. Ce Gaudama était le fils d'un roi et avait vécu sous une foule innombrable de formes dans lesquelles il avait atteint un mérite immense avant sa dernière naissance. A sa mort, qui eut lieu il y a 4,000 ans, il voulut que son image et ses reliques fussent adorées, et que des temples fussent élevés à sa mémoire jusqu'à l'apparition d'un autre Bouddah. Puis il entra dans l'éternel repos.

Les Siamois regardent toute prospérité comme la récompense de quelque vertu antérieure, et toute adversité comme la punition de quelque péché. Aussi, une grande partie de la vénération qui s'attache à la personne du roi, vient de la présomption que le fait seul de sa haute position est une preuve irréfragable du mérite supérieur acquis par son âme dans ses précédentes conditions d'existence, et dénote un état fort avancé de migration vers le Ni-ri-pan. Toutefois ils ne croient pas à un Juge Suprême qui estime ce plus ou moins de mérite et y applique la récompense qui lui correspond : cela dérive, selon eux, tout simplement d'une suite naturelle de causes et d'effets.

Les principes fondamentaux du bouddhisme impliquent théoriquement l'horreur du sang versé. Il ne paraît pas cependant que cette particularité ait beaucoup contribué à élever et à humaniser le caractère de ses sectateurs, et il est bon de remarquer que l'histoire des Cingalais, des Birmans, des Pégouans abonde en actes de cruautés ; en un mot, il n'est pas de pays en Asie où l'on fasse si bon marché de la vie humaine. Ceci, de prime abord, peut sembler inexplicable ; mais à considérer la chose de plus près, on n'y trouve qu'un exemple frappant de ce principe que l'excès théorique du droit tend toujours, dans la pratique, à faire confondre le bien et le mal. Tuer un homme est un péché selon la foi de Bouddah, mais écraser un insecte ou tuer un reptile venimeux est également commettre un meurtre : bien plus, dépouiller les champs de leur mer d'épis, c'est commettre des milliers de meurtres à chaque instant de la moisson. L'obéissance stricte et uniforme à cette loi étant impossible à l'homme dans le cours ordinaire des choses de la vie, la désobéissance devient toute naturelle. Nous allons voir, en étudiant les coutumes et les mœurs de la caste sacerdotale, le moyen de tourner la difficulté, et d'éviter les conséquences de la transgression de la loi.

Les prêtres du Siam s'appellent talapoins ; chaque talapoin doit vouer une partie quelconque de son existence au ministère sacré ; l'âge où d'ordinaire on se consacre au sacerdoce est celui de quatorze ans. Ils vivent ensemble dans des établissements qu'on pourrait appeler des couvents ou des monastères, et qui consistent en une ou deux rangées d'habitations isolées, circonscrites dans l'enceinte d'un temple. L'établissement tout entier s'appelle un *ouata* et peut renfermer de dix à cent prêtres et au-dessus. Il n'y a pas d'institutions monastiques affectées aux femmes ; mais les vieilles femmes obtiennent la permission de se retirer dans les ouatas, où une rangée de logements leur est dévolue. Ces recluses sont habillées de blanc et elles remplissent certaines fonctions subalternes dans l'établissement.

A leur début dans le sacerdoce, les talapoins sont appelés *Nens* ou novices ; ils acquièrent ensuite des rangs plus élevés suivant leur mérite et leur ancienneté. Avec chaque prêtre plus âgé sont logés un, deux ou trois nens qui le suppléent dans les cérémonies ordinaires du culte, et il est de ces nens qui vieillissent dans cette condition sans renoncer au sacerdoce ou sans y entrer plus avant. Chaque couvent est sous la direction d'un supérieur qu'on pourrait appeler abbé ; les plus considérables sont placés sous l'autorité d'un dignitaire dont l'office correspond à celui de prieur. Au-dessus de tout ce personnel religieux est le San-Krat ou grand-prêtre, qui tient sa nomination du roi et demeure toujours dans le palais. Ce haut personnage jouit des honneurs les plus grands, et aucun talapoin ne peut être ordonné sans une licence de lui ; mais en dehors de ce privilége il n'a aucune autorité temporelle ou spirituelle. Il faut, du reste, remarquer qu'il n'existe aucun système organisé de hiérarchie et de discipline en Siam, parmi les prêtres de Gaudama, si ce n'est le respect que doit tout talapoin au supérieur de son couvent. Ils deviendraient un corps trop puissant pour un gouvernement despotique, s'ils étaient organisés de manière à former une unité de conseil et d'action.

L'esprit de l'institution est de vivre d'aumônes, de se garder des péchés des laïques et de faire des expiations en faveur des transmigrations de ceux qui leur font la charité. Ils ne mangent point en commun, et celui qui reçoit n'est pas forcé de partager le don avec un frère ; mais ils sont hospitaliers pour les étrangers, et chacun d'eux entretient deux lits à côté du sien pour recevoir les voyageurs. Au lieu d'aller à moitié nus, comme les laïques de tous les rangs et de toutes les conditions, les talapoins sont toujours amplement et décemment vêtus de robes jaunes de soie ou de coton, à la manière des prêtres bouddhistes d'Ava et de Ceylan. La tête nue et rasée est abritée sous un petit écran qu'ils tiennent à la main. La bourse destinée à recevoir les aumônes, est un bassin de fer recouvert de drap rouge et accroché sur l'épaule gauche ; une heure est désignée avant le déjeûner pour aller faire la quête sacerdotale. Le prêtre se présente à chaque porte et attend quelques minutes. Il ne peut recevoir autre chose que des aliments tout préparés ou des vêtements, et il ne doit pas condescendre à remercier le donateur. S'il ne reçoit rien, il continue sa route en silence ; mais le cas se présente rarement.

Haranguer le peuple, consacrer des idoles, assister aux funérailles et autres cérémonies, tels sont les devoirs les plus ordinaires des talapoins, devoirs pour lesquels ils reçoivent généralement un salaire en argent de ceux qui réclament leurs services. Il en est beaucoup d'entre eux qui s'enrichissent de la sorte. Ils sont entourés de la plus haute vénération, et ils se déchargent de tout travail corporel sur les officiers séculiers et les novices appartenant aux ouatas. Tous les séculiers, quel que soit leur rang, leur doivent obéissance. Quant à eux, ils ne rendent jamais le salut ; les parents même doivent s'incliner devant leurs enfants qui embrassent la carrière sacerdotale.

Le bras séculier ne saurait atteindre le talapoin coupable avant qu'il ait été dégradé. Ils sont exempts de toute espèce d'impôt, spécialement de la conscription, le plus lourd de tous. Néanmoins, la monotonie de leur vie, la perte de la société de leurs parents et de leurs amis, un célibat rigide et l'éloignement de toute occupation temporelle, font bientôt apercevoir le haut prix dont sont payés ces honneurs et ces immunités. Aussi l'immense majorité de ces hommes rentrent au sein de la société au bout de quelques années ou même de quelques mois, ce que du reste chacun peut faire sans encourir de reproches. Quant aux prêtres plus âgés qui persistent, ce sont presque exclusivement des hommes à qui les déceptions du monde ont fait prendre une seconde fois les habits sacerdotaux et qui ont perdu ainsi le droit de les quitter.

La caste sacerdotale siamoise est sans puissance pour modérer ou balancer le despotisme du souverain ; au contraire, elle tend plutôt à l'asseoir et à le soutenir. Le roi est le chef réel de la religion nationale, les talapoins n'ayant ni dotation ni rang indépendants de sa volonté. Ils ne sont point un ordre héréditaire, ce qui les unirait les uns aux autres en les rendant jaloux des intérêts de leur corps ; ils n'ont rien non plus qui les rattache aux intérêts du peuple : de sorte qu'ils sont, pour la plupart, disposés à user de leur pouvoir spirituel pour rendre de plus en plus passive l'obéissance aux volontés du monarque et de plus en plus forte son autorité despotique.

Les bouddhistes du Siam admettent sans conteste dans leur sein les prosélytes de tous rangs et de toutes nations, ils placent même un certain amour-propre à faire des conversions. Mais ils n'ont pas assez de zèle pour poursuivre sérieusement cette tâche, encore bien moins sont-ils disposés à persécuter qui que ce soit pour ses opinions religieuses. Leur code moral se résume en cinq préceptes négatifs :

1º NE TUE PAS. — Ceci s'étend aux animaux, aux plantes et aux semences, et réduit les dévots à se nourrir de fruits, lesquels sont considérés comme n'ayant pas de vie, mais comme étant le produit de la plante vivante dont ils peuvent être détachés sans douleur lorsqu'ils sont mûrs. Cependant il n'en faut manger ni les noyaux ni les pépins. Rompre une branche d'un arbre vivant serait blesser l'âme qu'il renferme ; ce qui n'empêche personne de se servir de bois pour tous les besoins ordinaires. De même aussi les talapoins ne se font pas scrupule de manger de la viande, ne s'inquiétant pas qui a commis le meurtre.

Faire une incision d'où le sang puisse couler est jugé péché plus grand que de tuer sans verser le sang.

2° NE VOLE PAS.

3° NE COMMETS PAS D'IMPURETÉS. — Le célibat est la seule condition sainte.

4° NE MENS PAS. — La loi civile prête son appui à ce précepte en livrant le menteur aux mains de la personne trompée pour recevoir la bastonnade. Et cependant la fraude est à l'ordre du jour.

5° NE BOIS PAS DE LIQUEURS QUI ENIVRE. — Ce précepte défend non-seulement l'ivresse, mais l'usage même le plus modéré de toute boisson qui, prise à l'excès, pourrait causer l'ivresse.

La désobéissance à un des commandements est considérée comme un péché chez les laïques aussi bien que chez les prêtres. Mais l'affaire des séculiers c'est de pécher, et celle des talapoins est non-seulement de se sanctifier eux-mêmes, mais par leur sainteté d'expier les péchés du peuple. Les prêtres ne se font pas scrupule de faire pécher autrui chaque fois que le péché peut leur être profitable. Ils ne font pas bouillir de riz parce que le riz est une semence et que l'ébullition la ferait périr ; mais ils le font préparer par les novices et les séculiers, et le mangent ensuite sans remords. Quant aux laïques, forcément ils péchent continuellement, et le moyen de racheter leurs péchés, c'est d'entretenir de nourriture et d'habits les talapoins, qui maintiennent pour eux l'état de grâce.

Les Siamois s'étonnent que les chrétiens appellent chacun indistinctement à la vertu ; cette égalité serait impossible d'après leur code, et quand on leur apprend en quoi consiste la sainteté chrétienne, ils en concluent que tous les chrétiens sont des *cahat* (gens dont le rôle est de pêcher) et qu'il n'y a que leurs talapoins de *creeng* (saints).

Outre les cinq prétextes généraux de morale obligatoire pour tous, il y a pour les talapoins un code spécial. Ce code leur défend de manger après midi, de fréquenter les réunions publiques, d'écouter la musique, de se parfumer ou de porter des bijoux, de dormir ou de se coucher sur un lit haut de plus d'une coudée, d'emprunter ou de faire des dettes, de regarder quoi que ce soit quand ils passent dans les rues, de toucher de l'or ou de l'argent (1), de garder des aliments la nuit plutôt que de les donner aux animaux, de creuser la terre, de s'immiscer dans les affaires de l'État, d'élever la voix en riant, de faire du bruit en marchant, d'injurier, de calomnier ou menacer, de tousser pour appeler l'attention, d'étendre les jambes quand ils s'asseyent, et une foule d'autres actes semblables montant à cent quarante-quatre, dans lesquels la morale et le cérémonial sont mêlés sans distinction, comme dans ceux qui précèdent.

Les ouatas sont bâtis dans les sites les plus élevés, et beaucoup d'entre eux couvrent une grande étendue de terrain. Ils renferment toujours un temple avec les images de Gaudama, une large enceinte, une ou plusieurs flèches, une bibliothèque et le logement des talapoins. En général, le style des édifices est toujours plus ou moins chinois, avec une certaine tournure d'architecture égyptienne, surtout dans la coupe des fenêtres et des portes. Les Birmans élèvent des pagodes et des monastères énormes, tandis que les

---

(1) Ils amassent souvent des fortunes considérables ; mais ils se servent de leurs serviteurs séculiers pour encaisser l'argent qu'ils reçoivent.

temples proprement dits sont comparativement petits et insignifiants. Les Siamois, au contraire, bâtissent des pagodes insignifiantes et de petites maisons pour les prêtres, et ils réservent leurs richesses et leurs efforts pour l'érection de temples immenses.

Ces édifices sont ornés, suivant le goût siamois, de piliers, de dorures, de peintures historiques et de clinquant chinois. La plupart sont en briques, extérieurement recouvertes de plâtre. et surchargées à l'intérieur de grotesques mosaïques faites avec des coupes, des assiettes et des plats de porcelaine de Chine, ou autre, de toute grandeur et de toute couleur, entiers ou en fragments, incrustés dans le plâtre de manière à former des fleurs ou des figures. Mais l'important du travail et de la dépense est consacré aux pignons, aux corniches, aux portes, aux fenêtres et à la voûte du toit. Tout cela est en bois sculpté, peint, verni et doré. Les temples consistent ou en une salle centrale spacieuse renfermant une statue gigantesque de Bouddah entourée de milliers d'autres plus petites, ou bien en une salle centrale qui renferme l'image principale et autour de laquelle sont groupés de nombreuses pièces destinées à recevoir toutes les statues que fabrique la dévotion populaire. Le principal ouata de Bankok, cité d'ailleurs pour son architecture merveilleuse, en renferme, dit-on, quatorze ou quinze cents de toutes les tailles, depuis deux centimètres jusqu'à dix mètres, et il paraît que le nombre en croît si rapidement que les prêtres sont obligés, de temps en temps, d'en détruire une grande quantité.

Tous les établissements religieux semblent ne pouvoir se passer d'un ou plusieurs *pra-cha-dis* ou flèches sacrées. Ce sont de solides massifs de maçonnerie, larges de 4 à 5 mètres carrés à la base, mais sans aucune espèce d'ouverture. Ces édifices ne sont point un objet de vénération, ni un lieu affecté au culte ; on suppose que, dans l'origine, ils servaient de tombeaux. Le pra-cha-di du principal temple de Bankok a environ 75 mètres de haut ; il est d'une forme élégante et légère.

La bibliothèque de cet établissement est aussi riche que possible en ornements sculptés, dorés et peints en vermillon brillant. Au centre est une sorte de tabernacle ou de sanctuaire surmonté d'une flèche ; c'est là que sont déposés les volumes sacrés au nombre d'une cinquantaine. Comme tous les autres livres bali de ce pays, ils consistent en de longues et étroites bandes de feuilles de palmier enfilées par chaque bout à une corde. Les tranches en sont richement dorées et le tout présente même un aspect coquet.

Dans chaque ouata, les habitations des talapoins occupent la partie la plus reculée, et l'établissement entier est entouré de murs de briques ou de palissades de bambous. Quoique peut-être aussi coûteuses que les temples hindous et mahométans de l'Inde, ces constructions siamoises leur sont fort inférieures en majesté et peu faites pour inspirer des sentiments de respect et d'élévation à des esprits européens. Ceci s'explique facilement par la nature périssable des principaux matériaux de l'édifice, par le caractère d'emprunt des ornements, et surtout par l'absence de toute idée d'antiquité. Les terrains d'alluvion qu'arrose le Ménam n'offrent pas de matériaux de construction durables, de sorte que les sommes, qui eussent été dépensées en matériaux solides, sont gaspillées en embellissements temporaires. D'ailleurs, le système sur lequel repose la société ne fournit aucun prétexte à des constructions monumentales de longue durée. Chaque ouata est bâti dans des vues personnelles de piété ou de vanité et la nature du gouvernement empêche le fondateur de léguer des fonds qui répondent de son entretien. Aussi un grand nombre des splendides édifices décrits par les auteurs français vers la fin du XVIIe siècle, sont maintenant oubliés et en ruine.

Les fidèles qui fréquentent les temples les jours de fête sont des deux sexes et de tous âges : la majeure partie sont des Siamois, mais il y en a aussi bon nombre de race chinoise et d'autres des royaumes voisins du Laos, du Pégou, de la Cochinchine et du Cambodje. C'est en vain qu'on cherche là le décorum qui convient à un culte religieux, il n'y existe autre chose que cette espèce de terreur rampante qui caractérise les audiences du monarque terrestre. Le peuple est bruyant et léger, tantôt se prosternant devant les idoles, tantôt chantant quelque refrain monotone, tantôt encore s'amusant à de niaises bouffonneries. Vous verrez un homme allumer froidement son cigare à une torche immense, pieuse offrande à la divinité ; un autre, tranquillement assis devant une image, jouera du flageolet au milieu de personnes accomplissant leurs dévotions au même autel. Pas de prêtre qui officie ; mais seulement quelques dévots allant présenter des offrandes aux idoles et les inonder de parfums. Ces offrandes consistent en torches odoriférantes tout allumées, en fleurs, en pièces de drap la plupart du temps de couleur jaune, et en guirlandes de fleurs artificielles. C'est en cela principalement, sinon exclusivement, que paraissent consister les devoirs des croyants. Les femmes, mêlées à la foule, sans voile, sans contrainte, sont en général bien plus assidues et plus ferventes que les hommes.

Une des plus grandes charités qui se pratiquent dans les fêtes solennelles religieuses, c'est la mise en liberté de quelques animaux de peu de valeur achetés à cet effet.

V.

LANGUE. — LITTÉRATURE. — LOIS.

La langue siamoise est excessivement simple de construction; c'est, à n'en pas douter, une langue originale. Elle n'a pas de terminaisons qui indiquent les genres, les nombres, les personnes, les modes ou les temps. Tout cela est remplacé par quelques particules; encore ces particules sont-elles généralement omises, non-seulement dans la conversation, mais dans les meilleurs écrivains, singularité qui rend l'étude du siamois facile. Aussi les étrangers l'acquièrent bientôt suffisamment pour s'en servir dans toutes les circonstances ordinaires de la vie. Mais cette langue est, par cela même, sujette à l'équivoque, et il faut la posséder parfaitement pour arriver, par exemple, à soutenir aisément une discussion. A part les mots tirés des autres langues, la langue siamoise est monosyllabique et, par conséquent, douée d'une immense variété d'intonation et d'accent. L'alphabet se compose de trente-quatre consonnes et s'écrit, à l'inverse du nôtre, de droite à gauche, comme celui des autres nations comprises entre l'Arabie et la Chine. Les voyelles nombreuses sont, comme en hébreu, de simples signes orthographiques qui se placent soit au-dessus, soit au-dessous des consonnes, les précèdent ou les suivent.

Le langage possède une sorte de redondance et il est fortement imprégné des traces de l'esclavage politique du peuple ; ainsi il abonde en termes spéciaux et distincts indiquant les positions relatives de supériorité ou d'infériorité dans ceux qui parlent.

La littérature est, de l'aveu général, pauvre et dépourvue d'intérêt. Elle consiste en chansons, en romans et en quelques chroniques. Au point de vue de l'imagination, de la force et de la correction, on la dit de beaucoup inférieure à celle des Arabes, des Persans et des Hindous. Il n'existe de composition en prose que les lettres ordinaires. Il n'y a pas de drames réguliers ; ce qui en tient lieu sont des pièces bâties sur des romans et dans lesquelles les acteurs tirent leurs rôles de leur propre fonds et s'arrangent de manière à convertir le sujet en un dialogue présentable.

C'est principalement à la littérature sacrée que les Siamois attachent de l'importance. La langue consacrée à la religion est, comme dans les autres pays bouddhistes, le Bali ou Pali, qu'on appelle aussi quelquefois le Pasa Magnetha ou langage de Magnetha, lieu de naissance de Gaudama. Cette langue est la même qu'à Ceylan et dans tous les royaumes de l'Inde transgangétique. Or, les compositions littéraires qui se rencontrent dans tous les pays bouddhistes, paraissent peu différer les unes des autres ; mais les caractères graphiques de Ceylan sont si peu semblables à ceux dont on se sert en Siam, que les manuscrits bali de l'un des deux pays ne sont pas faciles à déchiffrer pour les prêtres de l'autre.

Presque tous les livres bali et tous ceux en langue du pays, considérés comme ayant une certaine valeur, sont écrits avec une pointe de fer sur des bandes de feuilles de palmier ; on jette ensuite, sur le creux de cette espèce de gravure, une poudre noire qui rend ainsi les caractères parfaitement lisibles. Ces bandes ont de trente à quarante centimètres de long ; elles sont attachées ensemble par petits paquets, formant chacun un volume ; chaque volume est d'ordinaire richement doré et placé dans une enveloppe de soie.

Pour les œuvres de moindre importance, les Siamois emploient une sorte de papier raide, fait d'une pâte noire préparée de manière à recevoir l'empreinte qu'on y trace avec un crayon de pierre-de-savon, et qui peut être effacée comme sur une ardoise. Le papier dont on se sert pour la correspondance est mauvais et rugueux. On écrit dessus avec un crayon, l'encre étant à peu près inconnue en Siam. Il est bon d'ajouter que, depuis l'établissement à Bankok, en 1833, de missions chrétiennes venues d'Europe et d'Amérique, un nouveau jour a lui sur la littérature siamoise. Pendant ces vingt-cinq dernières années, une presse a été constamment occupée, et l'usage de l'imprimerie a été enseigné à plusieurs indigènes. L'objet de ce pieux travail est de répandre des passages des Saintes-Ecritures, ainsi que des ouvrages d'éducation et autres, dans la langue du pays. Le roi et l'héritier du trône ont appris l'anglais ; il existe au palais une presse du modèle de celle des missions, ainsi que des caractères romains, types dont on s'est beaucoup servi en Siam dans ces derniers temps.

L'instruction élémentaire est assez généralement répandue en Siam, comme dans presque toutes les autres contrées de l'Asie ; mais on n'y voit pas d'écoles proprement dites. La lecture et l'écriture de l'idiome national s'apprennent d'ordinaire dans la famille, et chaque individu acquiert quelque connaissance de la langue sacrée pendant son séjour à l'ouata. Dans les autres sociétés primitives, le corps sacré est presque toujours le dépositaire de tout le savoir et la science qui peuvent exister ; mais les nations bouddhistes sont privées de cet avantage par une loi de leur religion qui défend aux prêtres toute étude profane, et leur interdit toute connaissance en dehors des livres bali. Il en résulte que la médecine, l'astronomie et l'astrologie, science favorite des peuples à demi barbares, sont abandonnées à quelques étrangers. A Bankok, tous les médecins sont Chinois ou Cochinchinois, et l'astronomie et la divination sont aux mains des brahmanes. Les Siamois ont cependant quelques connaissances d'arithmétique, et ils se servent du système décimal de numération. Le roi a lu beaucoup de livres anglais, il a étudié Euclide et Newton, et possède des notions scientifiques assez étendues.

Chaque fois que le gouvernement est complètement despotique, il ne saurait y avoir d'autre droit que celui de la force, d'autre loi que l'arbitraire du souverain. Toutefois, il n'est pas rare de rencontrer un soin très soutenu dans la distribution théorique de la justice de la part des gouvernements purement monarchiques, et les lois ont souvent un caractère de stricte équité, bien que ceux qui les appliquent soient trop généralement corrompus. Un résumé des lois siamoises, tiré de documents indigènes, fut présenté, il y a déjà longtemps, à la Société Royale Asiatique d'Angleterre, par le capitaine John Lowe, de l'armée des Indes. Plusieurs de ces lois remontent à une grande antiquité, l'une d'elles date de l'an 1053 de l'ère chrétienne, et il en est qui réfèrent à un code plus vieux de près de cinq siècles.

Le code pénal comporte beaucoup de ressemblance avec celui de la Chine, surtout dans l'application libérale et indistincte qu'il fait du bambou pour les redressements de presque tous les griefs. Les faibles larcins sont punis de trente coups, les cas de vol plus sérieux de quatre-vingt-dix coups et de la prison; en outre de quoi le coupable est obligé, non-seulement de rendre la chose volée, mais de payer une amende, de s'entretenir en prison, et même d'y payer son logement et la lumière pour travailler. La peine légale de l'incendiaire est la perte de la main qui a commis le crime ; mais les rois ont, dans ces derniers temps, commué cette peine en celle appliquée au vol important. Le meurtre est toujours puni de mort, et le mode d'exécution est la décapitation par le glaive.

La révolte et la trahison sont naturellement des crimes impardonnables, et les codes écrits ordonnent qu'en pareil cas les criminels soient foulés aux pieds par des éléphants ou dévorés par des tigres ; mais ce moyen a été rarement employé pendant le dernier laps de cinquante ans qui vient de s'écouler. La falsification du sceau royal ou la contrefaçon de la monnaie, est aussi un crime capital selon la loi ; mais, dans ces derniers temps, on y a substitué l'emprisonnement perpétuel et l'application la plus élevée du bambou.

Les menaces et les injures sont punies d'une amende, et si l'injure s'adresse à un supérieur, on y ajoute un châtiment corporel. Sauf ce cas particulier, les lois siamoises ne souffrent pas que le rang du coupable influence en rien le mode ou la mesure de sa peine. Les talapoins n'ont pas, à cet égard, les immunités des brahmanes ; leur caractère sacré n'est, à juste titre, considéré que comme une circonstance aggravante du délit dont ils se sont rendus coupables. Ils ne peuvent, à la vérité, être punis comme prêtres ; mais, en cas d'infraction à la loi établie, il existe une procédure sommaire et facile qui les dépouille de leur inviolabilité sacerdotale et les expose à toute la rigueur des lois.

Il n'est pas inutile de remarquer que la loi du talion et la composition pécuniaire n'existent pas en matière criminelle. Il serait incompatible avec l'esprit d'un gouvernement qui a désarmé le peuple et le tient asservi jusqu'à l'abrutissement, de lui laisser entre les mains une part d'action aussi large que celle qu'impliqueraient de pareilles dispositions.

La loi siamoise ordonne que tous les contrats qui concernent la propriété soient écrits. Les testaments peuvent être ou écrits ou nuncupatifs ; mais, dans l'un ou l'autre cas, ils doivent être faits en présence de quatre témoins. Un homme peut léguer son bien à ses femmes et à ses enfants dans les proportions qu'il lui plaît ; mais il ne peut léguer à d'autres au détriment de ceux-ci. S'il meurt intestat, la loi pourvoit au partage équitable de sa fortune ; mais si le défunt est une personne de rang, tout est souvent confisqué par le roi, qui exhibe, contre la succession, une note à son profit rédigée *ad hoc*.

La polygamie est admise par la loi, mais il y a toujours une femme qui a la prééminence et qui commande aux autres ; elle seule jouit de l'autorité maternelle sur les enfants. La puissance du mari est absolue, il a même le droit de vendre ses enfants et ses femmes inférieures; mais cette puissance ne s'étend pas à l'*épouse en chef*, et le droit de vie et de mort n'est permis dans aucun cas. Le divorce s'obtient sans difficulté sur les motifs les plus frivoles ; il est très-fréquent dans les basses classes de la société. Seulement, si le consentement n'est pas réciproque, la partie demanderesse est obligée à une indemnité envers l'autre. Dans tous les cas de divorce, la femme reprend ce qu'elle a apporté à la communauté; le mari garde son apport et les conquets subséquents. Si les enfants sont en bas âge, les garçons suivent la mère et le père garde les filles; mais s'ils sont grands, le choix, en pareil cas, leur appartient. Aussitôt le divorce prononcé, chacune des parties peut contracter sur-le-champ une nouvelle union; mais quand il existe des enfants, ce second mariage est regardé comme une calamité. Le mariage est prohibé entre parents au premier degré; mais les rois transgressent souvent cette loi pour eux-mêmes en épousant leurs sœurs.

L'adultère n'est pas considéré comme une très-grave affaire. Il est puni d'une amende selon la condition du coupable, ou de la bastonnade si l'amende ne se trouve pas. Tout créancier a contre son débiteur un auxiliaire puissant dans les chaînes et les coups; et comme les débiteurs n'ont, pour la plupart, aucun moyen d'existence, on les rencontre journellement chargés de chaînes, passant dans les bazars pour y recevoir le pain de la charité. S'il n'y a pas d'espoir que le débiteur puisse s'acquitter, ou si, comme c'est trop souvent le cas, la nécessité le pousse au crime, il devient assujéti à un esclavage perpétuel. Un homme peut devenir esclave par le crime ou les chances de la guerre aussi bien que par les dettes; et les enfants d'une mère esclave sont esclaves eux-mêmes.

En matière civile, les lenteurs de la procédure sont déplorables en Siam. Il n'est pas de procès tant soit peu important qui dure moins d'une année, et l'on en voit fréquemment se prolonger trois et quatre ans. Les témoins sont admis sous la foi du serment dans les cas graves et solennels, suivant l'usage universel des nations de l'Orient. La formule de ce serment, fort curieuse en elle-même, montre le caractère et les opinions religieuses du peuple. La voici, d'après la traduction du capitaine Lowe :

« Moi, qui ai été appelé ici pour faire preuve en cette matière, je déclare en ce moment, en présence du divin Pra-Phull'-hirop (1), que je ne suis aucunement prévenu contre l'une ou l'autre des parties ; que je ne suis influencé en aucune façon par les opinions ou les conseils de personne ; et qu'aucun avantage pécuniaire, aucun avancement d'emploi ne m'ont été proposés. Je déclare aussi n'avoir reçu aucune espèce de présent pour la circonstance. Si ce que j'ai dit est faux, ou si dans mes dépositions futures je colorais ou travestissais la vérité de manière à égarer le jugement d'autrui, que les trois Saintes-Existences, — c'est-à-dire Bouddah, les Bali (2) et les Talapoins, — en présence desquels je suis, s'unissent aux glorieux Dewatas (3) pour me punir !

» Si je n'ai pas vu et que je dise avoir vu, si je dis savoir et que je ne sache pas, qu'alors je sois ainsi

---

(1) Bouddah.
(2) Les Bali sont pris ici comme la personnification des livres saints qu'offenserait le parjure.
(3) Demi-dieux.

puni : Que d'innombrables manifestations de la Divinité se fassent pour la régénération et le salut du genre humain, et que mon âme, errant de migration en migration, soit à jamais placée hors de la sphère de leur merci ! Que partout où j'irai mes pas soient entourés de dangers inévitables, soit qu'ils viennent de meurtriers, de voleurs, d'esprits de la terre, des bois, des eaux ou de l'air, ou qu'ils me soient envoyés par toutes les divinités qui adorent Bouddah, ou par les dieux des quatre éléments et les autres esprits !

» Que mon sang s'échappe par tous les pores de mon corps ; que mon crime soit connu du monde entier ! Que tous ces maux ensemble, ou n'importe lesquels d'entre eux, fondent sur moi dans trois jours ; que je sois cloué à cette place, ou bien que le Hatsani ou trait céleste (1) me coupe en deux et que je sois ainsi exposé à la risée du peuple ! Si j'entreprends un voyage à l'étranger, que je sois mis en pièces par l'un des quatre lions surnaturels, ou empoisonné par des herbes vénéneuses ou par la dent des serpents ! Si je vogue sur les eaux des rivières ou de l'Océan, que je sois dévoré par des crocodiles ou des poissons monstrueux, ou bien que les vents et les flots m'anéantissent, ou que la crainte de maux pareils me tienne toute ma vie prisonnier chez moi, étranger à tout plaisir ; que mes supérieurs m'oppriment sous un joug intolérable, ou que la peste m'étreigne, et qu'après cette série d'afflictions, je sois précipité dans l'enfer pour y souffrir une suite incommensurable de tortures ; qu'entre autres choses je sois condamné à verser de l'eau sur les régions enflammées dans des paniers défoncés, à modé-

---

(1) L'éclair.

rer la fureur de Than-Wetsuwan quand il entre dans la salle infernale de justice, et qu'ensuite je tombe au plus profond des enfers ! Si ces misères ne m'arrivent pas, qu'après ma mort mon âme aille habiter le corps d'un esclave et souffre toutes les douleurs du plus vil de ces êtres durant une période mesurée par le sable de quatre mers, ou que j'aille animer le corps d'une brute ou d'un animal sauvage pendant cinq cents générations, ou que je naisse hermaphrodite cinq cents fois, ou que j'endure, dans le corps d'un sourd, d'un aveugle, d'un muet, d'un mendiant vagabond, toute espèce d'horribles maladies pendant le même nombre de générations, et qu'enfin je sois dépêché à Narak et que j'y sois crucifié par Phria-Yam ! » (1)

Dans les cas importants de trahison ou de brigandage, on emploie quelquefois la torture pour arracher la vérité, et, à l'occasion, quand il est difficile de prononcer entre les parties adverses, on a recours à l'épreuve de l'eau ou de l'immersion des mains dans l'huile bouillante ou l'étain fondu. Dans le premier cas, celui qui reste le plus longtemps sous l'eau gagne sa cause ; dans le second, c'est celui qui retire sa main sans brûlure.

VI.

ARTS. — DIVISIONS DU TEMPS. — MONNAIES.

Il serait déraisonnable de s'attendre à rencontrer de l'adresse ou de l'industrie chez un peuple forcé de livrer un tiers du travail de sa vie au service d'un gouvernement oppressif. Il n'est donc pas étonnant que

---

(1) Le seigneur Sama, c'est-à-dire le Pluton hindou.

les Siamois n'aient fait que très peu de progrès dans les arts utiles. D'ailleurs, dès qu'un homme a atteint une certaine dose d'habilité mécanique, il est aussitôt accaparé par le roi ou l'un de ses courtisans, et est obligé de travailler en se contentant des gages que Sa Majesté veut bien lui octroyer. Il est par conséquent très difficile à un particulier de se procurer les ouvriers, même les plus ordinaires, et ceux qu'on trouve, en petit nombre, sont des étrangers. Même pour la fabrication des bijoux, industrie qu'on rencontre souvent à un haut état de perfection chez des peuples très grossiers, les Siamois sont très peu avancés. La seule exception qu'on puisse citer à trait à certains vases d'or et d'argent qui se font dans le palais, invariablement sur le même modèle depuis au moins cent cinquante ans, et dans la fabrication desquels les ouvriers ont certainement acquis quelque dextérité. Presque tous les ustensiles de zinc et de cuivre sont apportés de la Chine; et les Chinois résidant à Siam ont mis à profit le fer et l'étain qui se trouvent abondamment dans le pays.

A présent il existe plusieurs grandes manufactures d'ustensiles de fonte dirigées toutes par des Chinois, ainsi que de nombreuses fabriques de poterie d'étain. Ces articles ont souvent une forme très-gracieuse et sont si bien polis, que l'étranger pourrait prendre la boutique d'un potier d'étain pour celle d'un orfèvre, n'était que le premier est presque toujours en même temps corroyeur. La mégisserie est un art fort répandu, non pas que le cuir soit destiné à faire des souliers, car les souliers sont chose presque inconnue des Siamois, mais on l'emploie à couvrir les matelas et les coussins. Les peaux de léopards, de tigres, etc., sont préparées avec la fourrure et exportées en Chine, ainsi qu'une grande quantité de cuirs.

La poterie grossière, pour l'usage ordinaire, se fabrique dans le pays ; mais il se fait, de la Chine, d'immenses importations de porcelaines de la plus belle qualité. Les femmes seules tissent la soie et le coton, et ces tissus sont rudes et inférieurs même à ceux de Java et des Célèbes. L'art de la teinture est tout aussi arriéré, et l'impression sur étoffe est inconnue. La coutellerie et les outils sont ce qu'il y a de plus grossier ; sous ce rapport, ainsi que pour les armes à feu, les Siamois sont tributaires du commerce européen.

En fait d'architecture utile, le progrès existe à peine ; même les résidences des nobles sont faites de bambous et de feuilles de palmier ; quelques maisons de la capitale sont seules en maçonnerie. Autant qu'on peut en être sur, il n'y a que deux routes importantes dans tout le royaume, et, à Bankok, les voitures à roues sont complètement inconnues. Les Siamois n'ont jamais essayé de construire une route, et en général les ouvrages d'utilité publique, tels que des puits, des citernes et des ponts de pierre brillent par leur absence ; même autour du palais les ponts ne sont que des poutres nues et grossières jetées en travers du courant.

Comme toutes les nations à moitié civilisées, ce peuple réserve tous les efforts de son génie architectural pour ses édifices religieux, et, chose remarquable, c'est que, tandis que tous les arts utiles sont laissés aux mains des étrangers, les indigènes exécutent eux-mêmes tous les ouvrages qui se rattachent à leur religion.

La statuaire est exclusivement consacrée aux sujets religieux, et elle se borne généralement à la fabrication d'un seul modèle, la statue de Bouddah assis. Les plus belles sont de bronze ou de cuivre, et quand on en fond une grande, les dévots sont dans l'usage d'y contribuer par le don d'une quantité quelconque de métal, quel qu'il soit, qu'ils se trouvent avoir en leur possession. Si petite ou incongrue que soit l'offrande, jamais elle n'est rejetée. Les diverses parties de la statue sont fondues séparément, et le tout est habillement réuni et somptueusement doré. La plupart des idoles, cependant, sont faites de plâtre, de résine, d'huile et de crin, mélange qu'on recouvre ensuite d'une couche épaisse de vernis et de dorure. L'un des derniers rois, qui était dans son genre un très-dévot personnage, dorait, dit-on, tous les jours une statue de ses royales mains et la présentait à quelque temple.

Les Siamois ont fait, paraît-il, d'immenses progrès en musique, art qu'ils aiment passionnément. La plupart de leurs mélodies sont empreintes d'un caractère vif et gai, et ont beaucoup de ressemblance avec certains vieux airs de nos campagnes. Un orchestre siamois complet comporte dix instruments dont plusieurs sont sans aucune espèce d'analogie avec les nôtres.

Voici quelles sont les principales divisions du temps. On compte douze veilles du lever au coucher du soleil et quatre du coucher au lever. Le chronomètre est une coupe de cuivre percée d'un petit trou et placée sur un bol plein d'eau où elle enfonce à l'expiration de chaque veille. La semaine siamoise est de sept jours ; les mois en ont vingt-neuf et trente alternativement, et l'année comporte douze mois ou trois cent cinquante-quatre jours. Tous les trois ans on intercale un mois supplémentaire de trente jours. Les mois se divisent en moitié de lumière et moitié de ténèbres, l'année commençant avec le premier quartier de la lune en décembre.

Les plus grandes divisions de temps sont les cycles, dont le plus long est de soixante ans et le plus court de douze ans ; on les distingue par les noms de différents animaux. On compte deux ères ou époques : l'ère sacrée, qui date de la mort de Gaudama et dont on se sert en matière religieuse, et l'ère vulgaire, qui, dit-on, commence à l'introduction du Bouddhisme et correspond à l'an 638 de Jésus-Christ. C'est cette dernière qui est en usage dans les affaires civiles de haute importance ; mais il suffit, dans les occasions ordinaires, de désigner l'année du plus petit cycle. Ainsi, une lettre écrite le 26 mai 1822, était ainsi datée : « Angkham (mardi), 7ᵉ mois, 8ᵉ jour de la moitié brillante de la lune, année du Cheval. »

La monnaie courante consiste en cauris et en monnaie d'argent ; on n'emploie à cet usage ni l'or ni le cuivre. Il faut deux cents cauris pour la plus petite pièce d'argent, et il y a trois subdivisions entre cette dernière et le *tical*, qui vaut environ 3 fr. 10 c. Il existe deux autres dénominations plus élevées, — le *cattie*, qui vaut 250 fr., et le *picul*, qui en vaut 2,500.

VII.

MŒURS ET COUTUMES.

Ce qui, par-dessus tout, surprend et dégoûte le voyageur européen en Siam, c'est l'extrême servilité des mœurs de ses habitants. Est-il invité chez un grand personnage, chez un ministre royal du quatrième ou du cinquième rang, il le trouve assis les jambes croisées sur une natte ou un tapis au bout de l'appartement, et ceux qui ont le privilége de s'asseoir en sa présence, placés à distance respectueuse, selon leur rang, tandis que les serviteurs demeurent prosternés à genoux et appuyés sur leurs coudes. Le maître leur adresse-t-il la parole, ils lèvent un peu la tête en se couvrant la face de leurs mains et, sans oser lever les yeux, ils répondent à voix extrêmement basse. S'ils reçoivent l'ordre d'apporter des rafraîchissements, ils rampent sur leurs coudes et leurs orteils, poussent les plats devant eux comme ils peuvent. Enfin, marcher à quatre pattes est, en toute circonstance, le cérémonial du Siam. Le premier ministre rampe en présence de son souverain ; le secrétaire, avec son papier noir et son crayon, rampe devant le premier ministre ; le messager rampe devant le secrétaire, et les domestiques rampent devant le messager. Les Asiatiques ressemblent à une nation de crabes, d'autant plus qu'ils rampent également bien en avant et en arrière, ayant soin de toujours se tenir la tête tournée du côté du seigneur suzerain du moment.

Le caractère sacré attaché à la tête d'un homme et l'idée de dégradation qui s'associe à une position d'infériorité physique, frappent l'observateur à chaque pas. Tenir une chose au-dessus de sa tête c'est faire de cette chose le plus grand cas ; et c'est ordinairement ce qui se pratique quand on reçoit un présent. De même, porter la main à la tête pour saluer, c'est mettre la personne saluée au-dessus de soi ; et chaque fois qu'un Siamois passe devant un supérieur, il faut qu'il se courbe et qu'en même temps il élève les mains. De là l'horreur qu'éprouve tout individu à en laisser un autre passer littéralement au-dessus de sa tête, préjugé en conséquence duquel on ne bâtit pas d'habitations avec des étages.

Pendant que M. Crawfort était à Bankok, Sa Majesté le roi de Siam ordonna, suivant l'usage, à l'un des ministres de ses plaisirs, de donner un repas à l'européenne dans la maison où était logée l'ambassade anglaise et de faire lui-même les honneurs de la fête. Mais cette maison, qui avait été bâtie pour servir de magasin, avait au-dessus de son rez-de-chaussée un étage auquel on n'arrivait que par un mauvais escalier et une trappe. Cette circonstance jetait le ministre dans une terrible perplexité, car c'était au premier que devait être donné le banquet. Heureusement on finit par tourner la difficulté en plaçant une échelle contre le mur de la maison, et ce fut par là que son excellence, douée d'un embonpoint fort gênant pour une semblable expédition, effectua son ascension et arriva saine et sauve à l'heure dite.

Les scrupules des Siamois pour ôter la vie aux animaux ne les empêchent pas d'en manger la chair du moment qu'ils sont tués par d'autres ; et souvent au marché ils achètent du poisson ou des volailles sous la condition que ces animaux seront tués avant d'être livrés. Les Chinois n'ont là-dessus aucune espèce de préjugé et non-seulement ils tuent pour les Siamois, mais encore beaucoup plus abondamment pour eux-mêmes. La nourriture des Siamois est excessivement grossière : le porc est leur mets favori, mais souvent aussi ils se donnent la jouissance de manger des chats, des chiens, des rats et des lézards. En somme, les antiques distinctions juives en choses propres et en choses immondes ne font aucunement partie de leur croyance. Un Chinois dépense plus à sa table en une semaine qu'un Siamois en deux ou trois mois, et sa supériorité industrielle le met à même de le faire sans obérer sa bourse.

Le mariage à Siam, comme chez presque toutes les nations orientales, est une cérémonie purement civile accompagnée de musique, de danses et de festins. Les femmes ne sont pas renfermées ni rigoureusement exclues de la société des étrangers de l'autre sexe ; elles n'ont cependant rien de dissolu dans leurs mœurs et elles sont à cet égard bien supérieures aux femmes du Pégou et de la Cochinchine. La polygamie, bien que sanctionnée par la loi, n'est guère en usage que chez les classes aisées. Les épouses du monarque sont souvent nombreuses ; l'un des derniers rois en avait, dit-on, trois cents outre la reine. Quel que soit leur nombre ou leur rang, elles sont toutes sous le contrôle de celle-ci, et leurs enfants ne se servent du mot « mère, » que vis-à-vis de la reine seule.

Dans les conditions plus humbles de la vie, l'entretien de la famille pèse presque exclusivement sur les femmes. Ce sont les femmes qui labourent, qui sèment, qui hersent, qui roulent et qui tissent, mais elles ne paraissent être soumises à aucun mauvais traitement. Au contraire, par cela même qu'elles ont invariablement le maniement de l'argent, elles prennent dans le ménage une position très influente.

Comme l'emploi des éléphants et des palanquins est, dans la partie basse du pays, interdit à tous autres qu'aux grands officiers de la couronne, les *balons* ou bateaux, qui servent presque exclusivement de moyen de locomotion, ont une importance assez considérable. La rivière sert à la fois de grande route, de bourse, de marché et de lieu de promenade ; elle est incessamment sillonnée dans tous les sens par d'innombrables barques de toutes les dimensions. Les plus grandes sont à la fois bateau, boutique et habitation ; les plus petites sont à peine grandes comme un cercueil. Des détaillants et des revendeurs de toute sorte vaquent de tous les côtés et crient leur marchandise comme dans les rues d'une ville d'Europe, tandis que des enfants de cinq ou six ans vont à droite et à gauche dans de petits bateaux qui ne sont guère plus grands qu'eux et dont les bords sont presque à fleur d'eau. Naturellement, il arrive souvent de la confusion, mais il est intéressant de voir combien un peu de bonne humeur prévient les embarras et le danger. Personne ne songe à se fâcher d'avoir chaviré : on se contente de faire sécher la barque, puis on remonte dedans et l'on continue son chemin comme si de rien n'était. Il est bien entendu que toute la population, hommes, femmes et enfants, nagent aussi aisément que l'on marche et n'ont jamais peur de se noyer.

Ces bateaux, quelle que soit leur taille, sont creusés dans un seul tronc d'arbre, de sorte que dans les plus grands on ne peut jamais s'asseoir plus de deux de front, bien qu'ils aient souvent dix à douze mètres de long. Les balons royaux, dont on se sert dans les grandes occasions, ont de dix-huit à vingt-quatre mètres de long et à peu près un mètre vingt centimètres de large. Aux bouts sont adaptées une proue et une poupe fort élevées, tandis que le milieu du bateau n'a pas plus de deux pieds de bord. Ces barques sont ornées d'une foule de sculptures et de dorures, et au centre est un dais drapé de rideaux de soie qui ne peut couvrir qu'une ou deux personnes. Le reste de l'embarcation est entièrement occupé par les rameurs, au nombre souvent de trente ou quarante. Un témoin oculaire raconte ainsi la procession aquatique d'une ambassade cochinchinoise à Siam :

« Une semaine environ après l'arrivée de l'ambassadeur à Pak-Nam, ville située à l'embouchure de la rivière, les préparatifs pour l'amener dans la capitale furent organisés par le gouvernement siamois. Nous eûmes donc l'occasion de voir ces barques royales qui excitèrent à un si haut point l'admiration de M. de Chaumont, il y a près de deux siècles, et dont le modèle semble avoir peu varié depuis. Le temps favorisait le coup-d'œil offert par le cortége. D'abord arrivèrent quatre longs bateaux montés par de nombreux rameurs en jaquettes rouges et en bonnets pointus de même couleur ; à la suite, venaient six barques magnifiquement ornées, contenant chacune quarante rameurs et pourvues de dais dorés sous lesquels étaient assis les personnages de la suite de l'ambassadeur. Au centre du cortége était une barque tapissée de tentures superbes et surmontée d'un dais de forme conique, sous lequel se tenait l'ambassadeur portant la lettre du roi de la Cochinchine. Derrière, suivaient en nombre égal des barques semblables à celles qui formaient la tête de la colonne, le tout faisant une flottille d'une vingtaine d'esquifs. La rapidité de leurs évolutions, la régularité avec laquelle les nombreux rameurs levaient et baissaient leurs avirons en cadence avec les notes aiguës d'un chant qui méritait bien le nom de barbare ; les formes grotesques des barques ; les brillantes couleurs des tentures, les dais dorés ; les costumes éclatants des hommes ; les bruyantes exclamations des spectateurs, tout cela présentait un tableau difficile à rendre. »

Ce cérémonial, cependant, était comparativement mesquin, car, à la réception de l'ambassade française, il y avait soixante-dix ou quatre-vingts barques, portant plus de 3,000 personnes.

Quand le gouvernement de la Compagnie des Indes envoya M. Crawford en ambassade à la cour du roi de Siam, l'ambassadeur ne fut pas reçu avec un pareil déploiement de faste. On eût dit que Sa Majesté Siamoise avait considéré que le marquis de Hastings, gouvernant les Indes au nom de Sa Majesté Britannique, était simplement un fonctionnaire dont l'ambassadeur ne pouvait, à aucun titre, être digne du respect dû à un ministre envoyé directement par une tête couronnée. Voici, en substance, le compte-rendu de l'audience royale, tel que l'a donné un des membres de cette mission :

« Après notre arrivée à Bankok, plusieurs jours se passèrent en négociations avec les ministres touchant le cérémonial à observer à notre présentation à la cour, la dignité européenne et l'amour-propre britannique repoussant toute idée de prosternation servile. Il fut enfin convenu que l'ambassadeur et ses principaux officiers laisseraient leurs chaussures à la porte de la salle d'audience, et qu'en paraissant devant le roi, chacun de nous ferait un salut à l'anglaise, après quoi nous prendrions les siéges qui nous seraient indiqués, et nous ferions trois salutations, en joignant les mains et en les portant au front. Ce qui surtout nous fut recommandé, c'était de replier nos jambes sous nos siéges et d'avoir grand soin que nos extrémités inférieures n'offensassent pas le regard sacré de sa Majesté.

» Le matin du jour fixé, à huit heures et demie, une barque à douze paires de rames, fournie par la cour, ainsi que les rameurs en uniformes rouges, prit les personnes de la mission, pour les conduire au palais. Une autre barque portait leurs domestiques indiens, et les cipayes de l'escorte suivaient dans la chaloupe du navire. Quand nous abordâmes sous les murs du palais, nous trouvâmes un immense concours de peuple assemblé pour jouir du spectacle. Le moyen de transport qui nous était réservé au sortir du bateau, consistait en palanquins, simples hamacs en filet, pourvus d'un tapis brodé, et suspendus à deux perches soutenues par deux hommes. En entrant dans la seconde enceinte du palais, nous fûmes obligés de renvoyer notre escorte militaire et de quitter nos épées. A la troisième enceinte, nous eûmes à ôter nos chaussures et à laisser derrière nous nos domestiques indiens.

» Dans la salle d'audience, immédiatement à l'entrée, était un immense paravent chinois, qui cachait tout l'intérieur de l'appartement. Après avoir tourné autour de ce meuble, nous nous trouvâmes tout-à-coup en présence de Sa Majesté. La salle était grande, haute et bien aérée ; elle pouvait avoir quatre-vingts pieds de long, sur une largeur proportionnée. Le plafond et les murs étaient peints presque entièrement de festons de diverses couleurs. Le parquet était couvert de tapis de différentes nuances et de différents modèles. Vingt piliers de bois, magnifiquement peints, disposés en deux rangées, formaient une espèce d'avenue de la porte au trône. Celui-ci était situé au plus haut bout de la salle et entouré d'une paire de magnifiques rideaux de draps d'or, qui tenaient toute la largeur de l'appartement. Au milieu, on voyait un grand nombre d'ornements bizarres, composés chacun de séries superposées de dais et de parasols frangés d'or, décroissant en dimension et formant de riches pyramides. Quelques-uns de ces trophées avaient jusqu'à dix-sept étages.

» La salle était toute pleine de courtisans prosternés, dont chacun, depuis l'héritier présomptif jusqu'au dernier officier, avait sa place désignée selon son rang. A notre entrée, les rideaux du trône furent tirés, et à deux mètres environ derrière, nous aperçûmes une sorte de niche voûtée, élevée d'à peu près douze pieds au-dessus du sol. Une lumière douteuse, et calculée évidemment pour l'effet, l'éclairait faiblement. C'est là qu'était placé le trône, meuble étincelant de dorure et ressemblant beaucoup à une belle tribune. Le roi s'y tenait immobile comme une statue, le regard fixe, et le corps absolument posé comme les images de Bouddah. Il portait une robe de tissu d'or avec des manches ; un sceptre était à côté de lui, mais sa tête était nue, et l'on ne voyait nulle part la moindre apparence de couronne.

» Tout autour du trône étaient appendues des tentures absolument de la même étoffe que les rideaux ; mais nous ne remarquâmes aucune espèce de joyaux, de perles ou de pierres précieuses, tant sur la personne du monarque que sur celles de ses ministres. Des gens placés derrière les rideaux, agitaient au pied du trône des éventails longs et gracieux. Toute l'assemblée était prosternée, au point que les fronts touchaient presque le sol ; pas un membre ne bougeait, pas un regard n'était levé sur nous, pas un murmure n'interrompait le silence ; on eût dit un temple plein de fervents adorateurs, plutôt que la salle d'audience d'un monarque de la terre. Nous ne pûmes, nous autres hommes libres, regarder une pareille scène sans un mélange d'étonnement et d'indignation.

» Peu après que nous eûmes fait nos salutations convenues, le silence fut rompu par une voix venant de derrière le rideau, et lisant la liste des présents qui avaient accompagné nos lettres de créance. Tous ceux qui avaient pu être facilement transportés, avaient été disposés à la gauche du trône ; car c'est l'usage, à Siam, de reconnaître les cadeaux par lesquels un visiteur s'est fait annoncer, que de les exposer lors de la première entrevue.

» Cette lecture achevée, le roi posa quelques questions générales à l'ambassadeur ; elles étaient faites du ton grave et mesuré d'un oracle, et étaient passées à voix basse, de serviteur en serviteur, jusqu'à ce qu'elles arrivassent à l'interprète, qui se tenait derrière nous et nous les rendait en langue malaise, idiome dans lequel il transmettait aussi les réponses. L'entrevue dura vingt minutes environ, puis le roi se leva et se tourna comme pour partir ; alors les rideaux se fermèrent sur le trône, mus par une main invisible. Cette retraite fut suivie d'une fanfare de trompettes et d'une sauvage exclamation poussée par l'assemblée, qui, immédiatement, frappa la terre six fois avec le front, après quoi les princes et les ministres s'assirent. »

Les Siamois attachent la plus grande importance aux rites funéraires, et la seule manière honorable de disposer du mort, c'est de le brûler. Les malfaiteurs, les personnes qui meurent de mort subite ou de la variole, et les femmes sur le point de devenir mères, sont exclus de cet honneur et enterrés, parce que la manière dont ils sont morts est considérée comme une preuve qu'ils étaient sous le coup de la malédiction céleste. Les enfants qui meurent avant la période de la dentition, sont regardés comme trop peu de chose pour mériter pareille dépense, et les corps des indigents sont jetés à la rivière sans plus de cérémonie. Il en est qui, dans l'espoir de temps meilleurs, enterrent tout d'abord leurs amis, et, dès qu'ils le peuvent, les exhument et les brûlent.

Les personnages d'un haut rang conservent les corps de leurs parents pendant une période plus ou moins longue, selon l'éclat de leur position. A cet effet, ils les embaument d'après les procédés fort imparfaits qu'ils connaissent, ayant soin de disposer le corps dans l'attitude de la dévotion, c'est-à-dire à genoux, avec les mains jointes ramenées vers la face. Au bout du temps voulu, on le porte dans l'enceinte d'un temple, où le bûcher a été préparé sous un abri élevé de forme pyramidale. Dès que le corps approche, il est reçu par les prêtres, qui le conduisent au bûcher en disant : « Le corps est mortel ; puisse ton âme monter au ciel comme la flamme qui s'élève. »

« Le cercueil avec le catafalque, » dit M. Finlayson en racontant une cérémonie funèbre dont il avait été témoin, « s'élevait au moins à une hauteur de sept pieds. Le catafalque, de forme élégante et légère, était recouvert d'un drap blanc, et un dais de même couleur, orné de fleurs naturelles de jasmin, surmontait la bière, richement dorée.

» La cérémonie commença par la lecture de certains passages des livres bali. Pendant cette lecture, la place était couverte de talapoins de tout âge qui, sans avoir l'air de prêter la moindre attention aux rites religieux, se pressaient autour de nous et nous examinaient avec autant de curiosité que de familiarité. La lecture achevée, les prêtres démantibulèrent cercueil et catafalque dont les draps devinrent leur profit; puis le corps fut lavé par l'un des serviteurs laïques.

» Le maintien des parents était grave et décent, mais on ne voyait sur aucun d'eux l'expression de la douleur, à l'exception cependant d'une seule personne qui pouvait bien passer pour conduire le deuil. C'était la fille bien-aimée du défunt. Elle était en habit de deuil, c'est-à-dire vêtue de blanc et la tête rasée. Sa douleur paraissait véritable et la vue du cadavre lui faisait verser d'abondantes larmes. — On recouvrit le catafalque de terre humide sur laquelle on dressa un monceau de menu bois sec, puis le corps fut replacé dans la bière et porté trois fois autour du bûcher par les parents mâles du défunt, que suivait la fille favorite en poussant de grandes lamentations. On le mit ensuite sur le bûcher, après quoi on distribua à l'assistance des bougies de cire et des torches odoriférantes, puis un prêtre mit le premier le feu à la pile en faisant une prière à haute voix. L'assemblée suivit et nous-mêmes à qui l'on avait offert des bougies en nous invitant à nous joindre aux funérailles. Aussitôt que la flamme s'éleva dans les airs, la fille du décédé se mit à distribuer de l'argent aux vieilles recluses appartenant au temple. Pendant ce temps, les hommes de la famille, rangés de chaque côté du bûcher, firent chacun un paquet d'une partie de leurs vêtements et lancèrent six fois ces paquets au-dessus de la flamme en ayant soin de ne pas les laisser retomber à terre. Nous ne pûmes avoir l'explication de ce jeu grotesque, mais il mit fin à la cérémonie. »

Quand le corps est entièrement consumé, on ramasse avec soin les fragments d'os et l'on en fait une pâte avec laquelle on modèle une petite statue de Bouddah qui, une fois dorée et terminée par les prêtres, est ou conservée par la famille du trépassé ou placée dans un temple.

VIII.

NOTIONS HISTORIQUES. — CONSIDÉRATIONS GÉNÉRALES.

On a bientôt raconté le petit nombre de faits historiques recueillis sur le Siam par les Européens. Le premier est l'introduction du bouddhisme de Ceylan vers l'année 638. A partir de cette époque jusqu'à nos jours, les Siamois comptent soixante-deux règnes, ce qui donnerait à chaque règne une durée moyenne moindre qu'en Europe. Le siége primitif du gouvernement était à Lakontaï, sur les frontières du Laos ; Yuthia ou Siam, la dernière capitale, fut fondée en 1350 par le vingt-septième roi. C'est dans les premières années du XVIe siècle qu'on commence à avoir quelques notions historiques sur ce pays par les Portugais. En 1511, quelques aventuriers de cette nation s'étant emparés de Malacca, nouèrent des relations amicales avec le Siam. Environ un siècle plus tard, le vice-roi portugais de Goa y envoya une ambassade, et peu après les religieux franciscains et dominicains pénétrèrent dans le royaume.

Vers l'an 1684, Constantin Phaulcon, un des employés subalternes de la Compagnie des Indes, y chercha un refuge contre ses créanciers, et se glissa si bien dans les bonnes grâces du roi, qu'il se fit mettre en possession de propriétés considérables appartenant à la Compagnie à Siam. Bien plus, cet homme, fils d'un aubergiste de Céphalonie, fut élevé aux fonctions de *Phra-Klang* ou ministre des affaires étrangères. Ce fut probablement par son influence autant que par la tactique des Jésuites, que Sa Majesté Siamoise fut amenée à envoyer une ambassade à Louis XIV, dont la vanité fut naturellement flattée, dit Voltaire, par un hommage pareil de la part d'un prince qui, jusquelà, n'avait même pas soupçonné l'existence de la France. La même année, des ambassadeurs siamois arrivèrent à Londres et conclurent un traité de commerce avec l'Angleterre. Bientôt après, Louis XIV envoya le chevalier de Chaumont à Siam, à la tête d'une ambassade splendide, en lui donnant surtout pour instruction d'obtenir la conversion du roi au christianisme et en le munissant même à cet effet d'une lettre de sa propre main pour Sa Majesté Siamoise. Le rusé Phaulcon remit en retour à l'ambassadeur un message de son royal maître, exprimant les remerciements du roi pour la sollicitude du monarque français, mais déclinant en même temps tout changement de religion comme une chose hérissée d'insurmontables obstacles.

Deux années plus tard, Louis XIV envoya une seconde ambassade avec une flotille et cinq cents soldats. Cette ambassade avait à sa tête La Loubère, qui passa plusieurs mois à Siam et se donna beaucoup de peine pour se mettre au courant du génie et des mœurs du peuple. Mais le manque de modération des agents français au début des négociations et le défaut d'énergie, de décision et de courage politique de leur cour dans la suite des rapports, firent manquer à la

France l'occasion qui s'ouvrait pour elle de fonder un empire dans les Indes.

Dans le cours d'une révolution qui éclata en 1690, la famille régnante fut renversée du trône, le ministre Phaulcon perdit la vie et les Français furent chassés du pays. C'est à peu près vers la même époque que l'Angleterre vit également ses relations avec le Siam rompues. En 1687 il y eut un massacre général des Anglais au port de Morgin, massacre excité par leur propre conduite avec les indigènes, et peu après le comptoir qui avait existé quelque temps à Yuthia fut définitivement abandonné.

Depuis lors jusqu'en 1767, il ne paraît pas y avoir eu de relations diplomatiques entre le Siam et l'Europe, et les affaires commerciales furent très-peu importantes. Pendant ce temps, les Birmans trouvèrent un prétexte de guerre; ils prirent d'assaut la capitale et ravagèrent le pays impitoyablement. Le roi régnant fut tué, et ses principaux officiers condamnés à l'esclavage. Ce qu'il y a de plus étonnant de la part d'un peuple professant la même religion, c'est que les conquérants détruisirent les temples, torturèrent ou assassinèrent les prêtres, et emportèrent les idoles de bronze. La conquête du pays fut pleine et entière; mais les Siamois, qui n'étaient pas disposés à se soumettre, n'attendaient qu'un chef pour leur inspirer l'espoir et le courage de briser un joug détesté.

Un certain Pe-ya-taï (qu'on écrit souvent Piatac), fils d'un riche Chinois par une mère Siamoise, esclave de celui-ci, avait été élevé dans le palais du roi comme serviteur; mais il n'avait pas tardé à être nommé gouverneur d'une province qu'il avait administrée avec autant d'honneur que de profit. Pendant les ravages des Birmans, il avait mis en sûreté ses énormes richesses, et, quand la famine vint décimer le peuple, il nourrit les multitudes et prêcha l'indépendance. On se rallia sous son drapeau, et il conduisit son armée, de victoire en victoire, jusqu'à l'entière expulsion des hordes ennemies. La reconnaissance publique le fit roi.

Le nouveau monarque choisit Bankok pour sa capitale, la fortifia et bâtit le palais qui y existe encore. Il eut, dans la suite, bon nombre de nouvelles rencontres avec les Birmans, mais il les défit toujours. Enfin, vainqueur de tous ses ennemis, il tourna son attention vers les arts et la paix, et encouragea particulièrement l'industrie chinoise, en lui concédant des priviléges. Malheureusement, au bon sens et à la modération qui avaient caractérisé la première partie de son règne, succédèrent plus tard une humeur fantasque, une superstition, une tyrannie et une avarice telles, que tout le monde le crut atteint de folie.

Enfin, un de ses grands officiers, nommé Tchakri, leva l'étendard de la révolte contre le tyran, et le mit à mort. Il y a, en Siam, une grande répugnance à verser le sang royal dans le sens propre du mot ; en conséquence, quoique d'origine vulgaire, on honora d'une mort de roi le monarque détrôné, c'est-à-dire qu'on l'assomma avec un bâton en bois de sandal, puis on jeta son corps dans la rivière, sans autre cérémonie. Tchakri devint roi à sa place et légua son trône à son fils. Pendant le règne de celui-ci, les Birmans revinrent encore plusieurs fois à la charge contre les Siamois ; mais ils furent vaincus, les chefs furent décapités, et les prisonniers inférieurs furent faits esclaves et conduits à Bankok, où M. Crawford et ses compagnons les virent, douze ans plus tard, chargés de chaînes.

Vers la fin de l'année 1821, le marquis de Hastings, alors gouverneur-général de l'Inde, chargea M. Crawford, accompagné de deux officiers de l'armée et de M. Finlayson, en qualité de chirurgien et de naturaliste, de visiter le Siam, et de tâcher de resserrer les relations commerciales entre ce pays et l'Inde anglaise. Malgré l'esprit jaloux avec lequel la mission fut accueillie et le peu d'égards qui lui fut témoigné, et bien que cette négociation n'ait pas produit grand avantage, on parvint cependant à établir des rapports amicaux ; les envoyés, d'ailleurs, n'épargnèrent aucune peine pour se pénétrer du génie et des mœurs de la nation, ainsi que des ressources offertes par le pays, de manière à faciliter considérablement des négociations ultérieures. Le roi qui régnait alors mourut en juillet 1824, et le jour même, sans massacre ni effusion de sang, il fut remplacé sur le trône par son fils aîné, mais illégitime, Kroma-Tchiat,— évènement bien rare dans les annales de Siam. L'héritier légitime se retira dans un monastère, et embrassa le sacerdoce pour sauver ses jours.

Le nouveau gouvernement siamois adopta une politique sous beaucoup de rapports bien plus libérale que celle de ses prédécesseurs. En 1826, un nouveau traité de commerce fut conclu avec l'Angleterre, traité qui ouvrit tous les ports de Siam aux bâtiments anglais et mit fin à plusieurs impôts vexatoires. Un traité à peu près semblable fut consenti avec l'Amérique en 1833. En outre, deux sociétés religieuses de ce dernier pays ont, depuis plusieurs années, envoyé en Siam des missionnaires dont les efforts, unis à ceux des missionnaires français, ont été couronnés de quelque succès, surtout parmi les résidents chinois. Un point excessivement intéressant et d'une importance réelle, c'est que le prince, dont nous avons parlé comme ayant accepté sans murmure l'usurpation de son frère, est tombé tout-à-fait dans le cercle de leur influence, et quoique non converti au christianisme, il a été très-fortement ébranlé dans sa croyance religieuse. Doué d'un esprit élevé, il a recherché le contact des Européens; il s'est adonné à l'étude de la littérature de l'Occident et s'est montré désireux de voir nos arts civils s'introduire dans son pays.

Le gouvernement siamois paraît aujourd'hui imbu de l'utilité de ces nouveaux errements.

En 1856, des relations se sont renouées entre la France et le royaume de Siam, et il en est résulté un traité de commerce. Le trône de Siam est occupé simultanément par deux rois. Le premier roi a l'autorité politique; le second occupe une position un peu analogue à celle de prince royal héritier de la couronne. Les deux rois actuels, S. M. Somdetch-Phra-Paramendr-Maha-Chulalon-Korn, premier roi, et S. M. Krom-Phra-Rajawang-Pawar-Sathan-Mongol, deuxième roi, sont l'un et l'autre membres de plusieurs sociétés savantes de l'Europe, et l'on annonce la prochaine arrivée en France de l'un des fils du premier roi, pour y faire son éducation civile et militaire.

Le Siam est riche en productions de toute nature; l'important est d'amener la population indigène à des habitudes de labeur, d'encourager l'industrie de manière à rendre ce pays propice aux opérations commerciales. Les Siamois ont une horreur profonde du travail, énervés qu'ils sont par le climat, et accoutumés à obtenir presque sans peine les nécessités de la vie. D'ailleurs, le despotisme et la rapacité de leur gouvernement les dégoûtent du désir d'accumuler des richesses. Disons aussi que leur extravagante vanité nationale les empêche de croire à un système social meilleur, et que pauvres, demi-nus et esclaves comme ils sont, ils se donnent encore, eux et leur pays, comme des modèles de perfection. Leurs révolutions successives n'ont amené chez eux d'autres changements que des changements de dynastie sans profit. Cependant il est un trait de leur caractère qui prouve que le désir de la propriété est vivace en eux, c'est l'empressement éhonté avec lequel, du témoignage de tous les ambassadeurs, ils se jettent sur les présents qui leur sont offerts, ainsi que leur esprit de fraude et de tromperie, dont tous les voyageurs ont eu à se plaindre. Qui sait si l'on ne pourrait pas amener ce peuple à chercher à obtenir honnêtement, par le travail, ces choses dont il prise si haut la possession?

Jusqu'ici, ce n'a été que grâce au stimulant donné par les Chinois à l'industrie de Siam, que les ressources de ce pays se sont développées ; peut-être le temps est-il venu, pour le commerce de l'Occident, de contrebalancer leur puissance croissante, et de l'empêcher de devenir oppressive en tournant au monopole. Le Siam présente un grand avantage sur l'archipel indien, c'est que son territoire n'est point infesté de voleurs et que ses côtes ne recèlent point de pirates. Le voyageur habitué à redouter le brigandage et la déloyauté qui prévalent dans presque toutes les contrées de l'Asie, peut s'arrêter là sans danger pour sa vie ni ses biens. Les chrétiens n'ont pas non plus à craindre la persécution, soit dans la confession de leur foi, soit dans leurs efforts pour instruire un peuple plongé dans les ténèbres de l'ignorance.

En somme, on peut regarder les Siamois comme de beaucoup supérieurs aux demi-barbares des Etats malais et des îles adjacentes ; et, sous l'influence de l'éducation européenne, on pourrait espérer voir le peuple faire des progrès rapides dans la voie de la liberté et de la civilisation, et prendre, dans des temps peu éloignés, une position très-respectable parmi les nations de l'Orient.

II.

L'INDO-CHINE CENTRALE.

GÉOGRAPHIE. — ETHNOGRAPHIE. — MŒURS.

Les voyages du naturaliste français Henri Mouhot dans les parties centrales les moins connues de l'Indo-Chine, pendant les années 1858, 1859 et 1860, ont excité à juste titre un intérêt général en Angleterre, où ils ont été récemment publiés.

M. Mouhot, né à Montbéliard, la patrie de Cuvier, eut de tout temps une grande prédilection pour les sciences naturelles. Toutefois des circonstances particulières le firent s'appliquer tout d'abord à l'étude des langues, et c'est en qualité de professeur de langues qu'il alla s'établir en Pologne et en Russie. S'étant adonné plus tard à la photographie, il parcourut en artiste l'Italie, l'Allemagne, la Belgique et l'Angleterre. Marié à une Anglaise, il était revenu à ses études favorites d'histoire naturelle et menait à Jersey une tranquille existence, quand un livre anglais sur le Siam (celui sans doute de sir John Bowring, auquel notre précédent chapitre a emprunté tant de renseignements curieux), vint l'enflammer de l'irrésistible désir de visiter ce pays. Dans ce but, il entra en communication avec la Société géographique et d'autres sociétés savantes de Londres. Ces sociétés l'encouragèrent vivement dans son dessein et le mirent à même de consacrer les quatre dernières années de sa vie (car il tomba victime du climat à l'expiration de ce terme) à explorer l'intérieur des royaumes de Siam, de Cambodje et de Laos, en laissant derrière lui les matériaux d'un des plus remarquables ouvrages de son genre qui ait paru de longue date, et qui fera vivre dans la postérité le nom de son auteur.

La mort de M. Mouhot a été vivement sentie par les hommes de science, car c'était un infatigable collectionneur aussi bien qu'un explorateur hardi et entreprenant. Il s'écoulera probablement bien des années avant qu'il se présente un voyageur compétent assez courageux pour suivre ses traces dans ces contrées de forêts vierges et de fièvres, à l'exploration desquelles il sacrifia ses pénates, sa santé et sa vie.

C'est en anglais que M. Murray a publié les deux volumes du voyageur français. Nous allons en présenter ici l'analyse en donnant directement la parole à M. Mouhot.

I.

Je m'embarquai à Londres le 27 avril 1858. Arrivé à Singapour le 3 septembre, j'entrais, le 12 du même mois, dans la rivière Mé-nam, dont l'embouchure est défendue par le fort de Pah-nam, le Sébastopol ou, si l'on veut, le Cronstadt des rois de Siam, — ce qui ne m'empêche pas de croire qu'une escadre européenne s'en rendrait maîtresse facilement, et qu'après y avoir déjeûné, le commandant pourrait aller dîner le même jour à Bankok.

Le Mé-nam (Mère des eaux) mérite bien son beau

nom, car sa profondeur permet aux plus gros navires d'aborder le long de ses rivages sans aucun danger, et si près de terre vraiment, qu'on entend les oiseaux chanter sur les branches qui surplombent, et que des essaims d'insectes couvrent le pont nuit et jour. La scène qui s'offre aux regards est d'un effet charmant. Les deux rives du fleuve sont en quelque sorte émaillées de maisons, et de nombreux villages égayent le paysage dans la distance. Les embarcations se croisent en tous sens, et de toute part on voit des troupes de jeunes enfants nager et plonger comme des canards. Sur une île, au milieu de la rivière, s'élève une pagode fameuse, mausolée des derniers rois. Au delà est la ville semi-aquatique de Bankok, dont la grande rue est un fleuve, rue incessamment sillonnée par des steamers et des bâtiments de toute espèce, et bordée de maisons et de boutiques flottantes derrière lesquelles se montrent des constructions européennes que domine la haute et magnifique pagode de Wat-Chang.

Le crayon seul peut donner l'idée de ce bizarre ensemble, et l'on ne sait ce qu'il faut le plus admirer de la vue de Bankok et de sa grande artère ou des merveilleux profils et des détails exquis de sa splendide pagode, l'une des plus belles qui soient au monde. L'Iraouaddi de l'empire birman offre sans doute au voyageur des monuments rivaux de même espèce, mais aucun d'eux ne surpasse en beauté la pagode de Bankok.

Bankok est la Venise de l'Orient ; que vous ayez à sortir pour votre plaisir ou pour vos affaires, c'est par eau qu'il vous faut aller. Au lieu du vacarme des voitures et des chevaux, on n'y entend que le bruit cadencé des avirons, les chants des mariniers ou les cris des cipayes (les rameurs siamois). Le fleuve, je l'ai dit, est la grande rue et le boulevard, les voies secondaires latérales sont des canaux sur lesquels vous glissez mollement étendu au fond de votre barque.

Les Siamois étant une race naturellement indolente, c'est aux mains des Chinois que sont l'agriculture et le commerce, ainsi qu'il arrive en Cochinchine et à Singapour : les marchands européens réussissent à grand'peine à leur faire concurrence, si ce n'est par l'introduction des navires à vapeur. La population du pays lui-même est très-hétérogène. Les recensements siamois relevaient, il y a peu d'années, pour les hommes, qui sont seuls comptés, 2 millions de Siamois, 1,500,000 Chinois, 1 million de Laotiens, 1 million de Malais, 350,000 Cambodjiens, 50,000 Pegouans et 50,000 montagnards de diverses tribus dont il sera parlé plus loin. L'Etat a nominalement deux rois, mais de fait il n'en est qu'un seul véritable. Le second a sa cour, ses mandarins et ses gardes, et on lui rend les honneurs royaux, mais il n'est simplement que le premier sujet de son collègue. Les deux princes, bien qu'à moitié barbares, sont, sous certains rapports, des hommes bien élevés, parlant et écrivant l'anglais (Somdetch-Phra a fourni de nombreux et estimables articles historiques aux journaux anglais de Hong-Kong), familiers avec les progrès de la civilisation moderne, aimant les livres et les recherches scientifiques.

La plaie du pays c'est le despotisme et l'esclavage. Dix années de résidence en Russie m'ont suffisamment initié aux déplorables effets de ces deux institutions. Je constatai en Siam des résultats non moins déplorables. Les inférieurs y sont à plat ventre devant les supérieurs, les premiers reçoivent à genoux ou avec quelque autre signe extérieur de soumission abjecte les ordres des seconds. La société entière est dans un complet état de prostration.

Je remontai le Mé-nam dans une embarcation légère, pourvue de deux rameurs, et en compagnie d'un chien, d'un singe et d'un perroquet. Les rives du fleuve sont gaies et vivement colorées. La nature s'y est parée de ses plus beaux habits, mais le pays était, à cette époque, entièrement inondé, et il était impossible de trouver où aborder, au point que souvent je devais renoncer à ramasser les oiseaux que j'abattais. — Mon petit king-charles *Tine-tine* ne me servait absolument à rien. — C'était l'époque des fêtes religieuses des Siamois ; le fleuve était encombré de longs et beaux bateaux tout diaprés de pavillons, beaucoup d'entre eux portant plus de cinquante rameurs tous habillés à neuf et chargés de musiciens. Quelques-uns de ces bateaux se faisaient remarquer par la profusion de leurs sculptures et de leurs dorures. Le cortége du roi se compose de trois ou quatre cents bateaux contenant souvent plus de douze cents personnes. C'est un spectacle plein d'attrait que ces rameurs aux habits de nuances éclatantes, et cette multitude de pavillons multicolores ; cela ne se voit qu'en Orient.

J'étais surpris de la gaieté folâtre de ce peuple courbé sous le joug et accablé d'impôts ; mais la douceur du climat, l'aménité naturelle de la race et la longue habitude de la servitude de génération en génération, font que ces pauvres gens oublient les souffrances de toute nature inséparables du despotisme.

On se préparait à la saison de la pêche, le poisson étant le plus abondant quand les eaux se retirent et regagnent leur lit. Séché au soleil, le poisson fournit un aliment pour toute l'année, et on l'exporte aussi en quantité considérable. Je ne buvais que du thé dans l'espoir d'échapper à la fièvre, en m'abstenant d'eau froide, de vin et de toute espèce de spiritueux. A vrai dire, ma santé était alors excellente, et je me sentais très-dispos, bien que déjà les moustiques, fléau qui m'a suivi dans presque tout le cours de mes explorations, livrassent à ma personne d'incessants et rudes assauts. Cette détestable engeance, associée aux puces sans nombre, aux terribles mouches à bœufs et aux sangsues terrestres, sont le désespoir du voyageur en Siam ; ces créatures maudites font de son corps une plaie et le prédisposent, dans une certaine mesure, à cette redoutable peste, la fièvre des jungles, qui, avec son cortége de maux de tête et de maux de reins, le plomb fondu qu'elle vous coule dans les veines et le feu dévorant qu'elle vous promène jusque dans le bout des ongles, finit par vous coucher dans une tombe solitaire loin de tout ce qui vous aime, de tout ce que vous aimez.

Quelle magnifique nature, cependant ! quel contraste entre les teintes effacées de l'Europe et ce chaud climat, entre notre ciel froid et ce glorieux firmament ! Quel plaisir de se lever de grand matin avant que le soleil ait commencé sa course de feu, et quel plaisir plus doux encore, le soir, d'écouter les mille bruits d'alentour, tous ces sons aigus et métalliques qui semblent le concert d'une armée de forgerons battant l'enclume ! Le peuple serait extrêmement heureux ici sans cette abjecte servitude qui le déprime. La généreuse nature, cette seconde mère, le traite en enfant gâté et fait tout pour lui. Les forêts abondent de racines et de fruits exquis ; les rivières, les lacs et les étangs regorgent de poissons ; quelques bambous suffisent pour construire une demeure ; et les inondations périodiques communiquent à la terre une fertilité prodigieuse. L'homme n'a qu'à semer et à planter, le soleil lui épargne tout le reste ; et puis on ne sait rien de ces articles de luxe qui font partie intégrante de l'existence d'un Européen, on n'en sent pas le besoin.

A Juthia, l'ancienne capitale du Siam, je reçus l'hospitalité chez un missionnaire français. De là je me rendis à Arajik, où je tuai des écureuils blancs. Le royaume de Siam est remarquable par ses singes blancs, ses écureuils blancs et ses éléphants blancs, tous animaux en vénération plus ou moins grande chez les indigènes, comme étant en dehors des habitudes ordinaires de la nature. Je poussai ensuite une pointe vers le mont Phrabat, lieu de pèlerinage en grand renom. C'est là qu'est un temple fameux qui renferme l'empreinte du pied de Samona-Kodom, le Bouddha de l'Indo-Chine. Je demeurai émerveillé devant le parfait chaos de rochers qui s'offrit à ma vue. Chose fort curieuse, au sommet de la montagne, dans les cavernes et les crevasses des rochers, on rencontre partout des empreintes de pieds d'animaux, et l'on vous montre surtout des pas de tigres et d'éléphants, mais je suis convaincu que la plupart sont des empreintes d'animaux antédiluviens et inconnus. Tous ces êtres, au dire des Siamois, formaient le cortége de Bouddha à son passage sur la montagne. Quant au temple lui-même, il n'a rien de remarquable ; comme la plupart des pagodes du Siam, il est inachevé d'un coté et à moitié en ruine de l'autre ; il est bâti en briques, bien que la pierre et le marbre soient également abondants au Phrabat. Toutefois c'est un assez beau monument.

Je passai une semaine sur la montagne, et j'en profitai pour enrichir ma collection d'un certain nombre d'objets intéressants ; puis je partis pour Saraburi, chef-lieu de la province, mais qui, comme dans toutes les villes et les villages du Siam, se compose de maisons de bambous et est habité par des agriculteurs siamois, chinois et laotiens.

Un peu au-dessus de ce point, la rivière est coupée par des rapides, et le pays est, dit-on, couvert de minerais de fer et d'aérolithes. Les forêts sont aussi tellement infestées de bêtes féroces, que les habitants osent à peine sortir. J'ai tué un léopard qui avait enlevé un porc et deux chiens la nuit que je passai à Pakprian. Une montagne isolée pareille à celle de Phrabat, mais moins déchiquetée, porte, à la gauche du fleuve, le temple de Patawi, lieu de pèlerinage des Laotiens, comme celui de Phrabat l'est des Siamois. Là aussi on remarque des empreintes de pieds et des troncs d'arbres entiers à l'état de pétrification. On a du temple la plus belle vue qui se puisse imaginer.

Revenu à Bankok, je pris passage sur une petite jonque chinoise ou bateau de pêche pour Chantaboun, sur la côte du Cambodje. Le bateau était trop petit, et le voyage dura huit jours au lieu de trois ; mais l'aspect pittoresque des petites îles du golfe me plut infiniment. Malheureusement nous eûmes la mauvaise chance de toucher sur un roc, et le choc fit tomber à la mer un enfant qui fut noyé. L'entrée du havre de

Chantaboun est marquée par un rocher appelé le *Rocher du Lion*, à cause de sa grossière ressemblance avec le roi des forêts. On raconte qu'un Anglais, auquel les indigènes avaient refusé de vendre ce bloc, le canonna à outrance !

Les Annamites chrétiens forment à peu près le tiers de la population de Chantaboun, le reste des habitants se compose de marchands chinois, et d'Annamites et de Siamois idolâtres. Les Annamites sont tous pêcheurs. Le commerce de cette province n'est pas considérable, comparé à ce qu'il pourrait être, mais les nombreux impôts, les exactions des chefs, l'usure des mandarins et les calamités de l'esclavage ruinent et paralysent la masse de la population. Il ne faut pas perdre de vue, toutefois, que dans tous les Etats de l'Indo-Chine, en Siam, au Laos, au Cambodje, en Cochinchine, il est très-difficile de persuader aux paysans de cultiver au delà de leurs besoins actuels, et que le système ruineux du communisme y est en pleine vigueur. C'est là un empêchement radical à l'acquisition de la propriété : quand un homme est obligé de partager avec ses voisins un porc ou même une volaille, il n'éprouve guère le désir de posséder volaille ou porc.

Les Annamites payent leur capitation d'environ 19 francs par tête en bois-d'aigle, les Siamois en gomme-gutte ; les Chinois en gomme laque. L'aromate connu sous le nom de *bois d'aigle* se tire d'incisions faites à l'*aquilaria agallocha* de Roxburgh. Le caractère des Annamites diffère essentiellement de celui des Siamois, race efféminée et indolente, mais généreuse et hospitalière, simple et sans orgueil. Les Annamites sont petits de taille, fluets, vifs et actifs ;

ils sont enclins à la colère, vindicatifs et orgueilleux à l'extrême. Il ne faut pas oublier que la plus grande partie de la population annamite est aujourd'hui sujette de la France.

Je fus reçu à Chantaboun dans la maison d'un digne missionnaire français qui habitait le pays depuis plus de vingt ans, vivant heureux et content au sein de l'indigence et de la solitude. J'achetai là un petit bateau avec lequel je me proposai de visiter les îles du golfe de Siam. Ces îles, qui paraissent être d'origine volcanique, sont couvertes d'une épaisse végétation au milieu de laquelle on ne peut pénétrer que la hachette à la main. Entre l'île d'Arec et l'île des Cerfs, je fus un jour témoin d'un curieux phénomène. La mer devint tout à coup agitée, secouant mon canot comme si elle était en ébullition. Cet état fut suivi d'un immense jet d'eau et de vapeur qui dura plusieurs minutes. Je venais d'assister à l'éruption d'un volcan sous-marin.

A Paknam-Ven, lieu où les crocodiles abondent, je surpris la méthode qu'emploient ces monstres pour s'emparer des singes qui, parfois, s'avisent de jouer avec eux. Tout près du rivage se tient le crocodile, le corps sous l'eau et ses énormes mâchoires seulement au-dessus de la surface, toutes prêtes à saisir ce qui peut venir à leur portée. Une troupe de singes qui ont aperçu le saurien s'arrêtent, semblent se consulter, s'approchent peu à peu et commencent leurs gambades, tour à tour acteurs et spectateurs. Le plus alerte ou le plus audacieux de la bande saute de branche en branche jusqu'à une distance respectable du crocodile, puis suspendu par un bras, et avec la dextérité particulière à ces animaux, il s'avance et se retire successivement, tantôt donnant à son ennemi un coup de patte sur le museau, tantôt se contentant du geste. Les autres singes, enchantés du bon tour, brûlent évidemment d'y prendre part, et pour peu que les branches qui les portent soient trop élevées, les voilà qui forment une espèce de chaîne en s'accrochant les uns aux autres. Alors, dans cette posture, se balançant de çà et de là, ils font des pointes et des retraites habiles, l'individu le plus près du crocodile déployant, pour tourmenter le monstre, des merveilles de souplesse et d'agilité. Il arrive parfois que les terribles mâchoires se referment tout à coup, mais pas assez tôt pour saisir l'impertinent. Alors dans toute la bande ce sont des cris de joie et de triomphe accompagnés des plus folles gambades. Parfois, cependant, il arrive aussi que la patte du téméraire est happée au passage et la victime entraînée sous l'eau avec la rapidité de l'éclair, dénoûment tragique qui met fin aux ébats et disperse au plus vite la troupe terrifiée. La mésaventure néanmoins n'empêche pas les imprudents de recommencer quelques jours après.

A Chantaboun, je fis la connaissance d'un jeune Chinois, nommé Phraï, qui s'attacha à moi, me suivit dans tous mes voyages et ne me quitta plus. De ce point je rayonnai dans diverses directions et allai visiter les montagnes. Le paysage est admirable : ici des vallées arrosées par de limpides cours d'eau ; là de petits plateaux semés des modestes habitations des laborieux Chinois, plus loin les hauts sommets avec leurs masses imposantes de rochers, leurs grands arbres, leurs torrents et leurs cascades. Les nuits étaient le plus mauvais temps à passer. On est assailli de fourmis qui se glissent sous vos vêtements et grimpent jusque dans votre barbe, tandis que de grosses araignées et cent autres bêtes repoussantes viennent se promener sur votre visage. C'est là sans doute le revers de la médaille ; mais quelle admirable province, et quel degré de prospérité n'atteindrait-elle pas sous un gouvernement intelligent et sage, ou seulement si des colons européens venaient en développer les ressources ! La mer à proximité, des communications faciles, un sol riche, un climat salubre, rien ne manque pour assurer le succès d'agriculteurs entreprenants et actifs.

J'eus cependant le malheur de déplaire sérieusement aux habitants siamois du lieu en enlevant de la surface d'un immense bloc de granit l'empreinte d'un animal inconnu. Le génie de la montagne, me disaient-ils, allait être irrité et leur jouerait de mauvais tours. Les Chinois, plus avisés, frottaient la face inférieure de la pierre, en recueillaient la poussière et la mêlaient à l'eau qu'ils buvaient, persuadés que c'était un remède à tous les maux. Il y a là bon nombre d'animaux sauvages, des tigres royaux et des léopards, des éléphants qui font une désastreuse consommation de bananes, des singes et des cerfs. Les tigres et les léopards rôdent chaque nuit autour des maisons. Les fruits sont excellents ; on y distingue surtout la mangue, la mangouste, l'ananas — qui, sous ce climat, fond dans la bouche, — et le *durian*, le roi des fruits, et cependant le seul, presque, qui ait une odeur repoussante ; il semble, quand on le goûte pour la première fois, qu'on morde dans un morceau de chair putréfiée, mais au bout de trois ou quatre essais, on lui trouve un arome exquis.

Dans les pays chauds, les grottes non habituellement fréquentées ne sont pas lieux sûrs à visiter. Il est rare que les animaux féroces n'aillent pas s'y abriter de la chaleur. Je fis une excursion à une grotte du mont Sabab : dès l'entrée le vol des chauves-souris éteignait à chaque instant nos torches, et, en avançant un peu plus, je me trouvai face à face avec un énorme boa tout dressé et la gueule ouverte ; fort heureusement qu'un coup de feu abattit le monstre, mais je jugeai prudent de m'en tenir là et de battre en retraite. Il est vrai qu'à défaut de serpents je faillis une fois être étouffé par les manifestations d'enthousiasme qu'excitait la vue de ma personne. Je voulais assister à une grande fête dans une pagode siamoise ; or il arriva que dans leur empressement pour voir le *farang* (l'étranger), les curieux se poussèrent si fort contre les parois d'une hutte où j'étais reçu, que la muraille céda, et que peuple, prêtres et chefs tombèrent les uns sur les autres de la façon la plus bouffonne. C'était une scène d'un comique irrésistible, je profitai du pêle-mêle pour m'échapper,

> Jurant, mais un peu tard, qu'on ne m'y prendrait plus.

Ces braves gens, pourtant, sont les plus doux et les meilleurs du monde quand ils ne sont pas corrompus par le contact de la classe grossière des marins européens, et c'est à regret que je quittai ces belles montagnes où j'avais passé tant d'heures agréables au milieu de leurs habitants pauvres mais hospitaliers. La veille et le jour de mon départ, tout le voisinage, Chinois et Siamois, vint me dire adieu et m'offrir des présents de fruits, de poisson séché, de volailles, de tabac, de riz cuit de diverses manières avec du sucre brun, et de chaque chose en plus grande quantité que je n'en eusse pu emporter avec moi. Les adieux de ces braves montagnards étaient touchants, ils me baisaient les mains et les pieds, et j'avoue que j'avais des larmes dans les yeux. Ils m'accompagnèrent très-loin, me suppliant de ne pas les oublier et de leur faire une autre visite.

De Chantaboun je me rendis à Komput, le seul port du Cambodje, et situé dans la province du même nom. Komput est célèbre comme étant un repaire de pirates. Heureusement le roi de Cambodje s'y trouvait. La France a déjà jeté les yeux sur ce port en vue de l'annexer à ses possessions de la basse Cochinchine. Sur la présentation d'un missionnaire, mon compatriote, Sa Majesté me fit un gracieux accueil, et plus tard me facilita les moyens de me rendre à Udong, la capitale du pays. Quoique les Cambodjiens soient, comparativement aux Siamois, fort peu chargés d'impôts, Komput me paraît être un réceptacle de tous les vices ; l'orgueil, l'insolence, la fraude, la lâcheté, la servilité et la paresse y fleurissent à l'envi. Les Chinois, comme d'habitude, constituent la portion commerçante et industrieuse de la population.

On compte huit jours de voyage, avec des bœufs ou des buffles, de Komput à Udong, et il y a huit stations dans le trajet. Après avoir traversé une plaine marécageuse, on entre dans une belle forêt qui s'étend sans interruption jusqu'aux bords du Mé-Kong sur un tributaire duquel Udong est située. Au confluent des deux cours d'eau, à environ 30 kilomètres plus bas, est le grand marché de Penom-Peuh ; et à une plus grande distance au-dessus de la ville, est le vaste lac de Touli-Sap, au centre du pays. Les bouches du Mé-Kouare sont aujourd'hui possession française.

Je dus accomplir à pied la plus grande partie de ce voyage, et bien que la route ressemblât à une magnifique avenue, tant étaient réguliers les intervalles ménagés entre les arbres, l'atmosphère, l'eau et le sable du chemin étaient si brûlants, que j'eus beaucoup à souffrir. A l'exception d'un seul village, cette forêt de huit jours de traversée n'offre pas trace d'habitations. Ce n'est qu'aux abords de la capitale que le pays se modifie, et qu'on rencontre des champs de riz, des cottages entourés de jardins fruitiers, et des maisons de campagne appartenant à l'aristocratie cambodjienne.

En arrivant auprès d'une vaste enceinte protégée par un fossé et un parapet, et défendue en outre par une palissade de 3 mètres de hauteur, je m'attendais (la France guerroyant en ce moment en Cochinchine) au qui-vive d'une sentinelle quelconque, mais rien. Je poussai la porte et entrai. Cette enceinte servait de défense extérieure au palais du second roi. Au dedans était le palais et, en face, la résidence d'un jeune prince son frère, plus une pagode. Deux pages se présentèrent ; ils venaient m'inviter à faire immédiatement ma visite au roi. Je m'excusai sur mon accoutrement de voyage, ajoutant que mon bagage n'était pas encore arrivé. « Oh ! peu importe vos habits, me fut-il répondu ; le roi n'est pas habillé du tout et il sera enchanté de vous voir. » Imaginez donc une simplicité arcadienne plus grande. Un voyageur bronzé par le soleil et couvert de poussière poussant la porte d'r palais et invité d'emblée à voir le roi ! Je n'avais r' à répondre, je franchis en conséquence le seuî palais, précédé d'un chambellan et suivi de pa? l'entrée se trouvait une douzaine de canons d

tés, dans la bouche desquels les pierrots avaient fait leurs nids. Plus loin une troupe de vautours dévoraient les restes de la table du roi et de ses courtisans. Le roi se montra ravi de me recevoir ; il me retint à dîner, me versa de l'eau-de-vie, — *good brandy*, me répétait-il en anglais, — et m'emmena voir le palais du premier roi. Le soir il y eut spectacle. En un mot, cet excellent prince fit tout ce qu'il put pour m'amuser et devancer mes désirs.

La capitale du Cambobje se compose de maisons de bambous et de planches, et la place du marché, occupée par les Chinois, est aussi sale que toutes les autres. La plus longue rue, ou plutôt la seule rue, a 1,500 ou 1,600 mètres de long. Dans les environs résident les agriculteurs, de même que les mandarins et les autres fonctionnaires du gouvernement. La population entière compte à peu près 12,000 âmes. Les nombreux Cambodjiens qui vivent dans le voisinage immédiat de la ville, et plus encore les chefs, qui viennent en grand nombre à Udong pour leurs affaires ou leurs plaisirs, ou qui traversent la capitale en se rendant d'une province dans l'autre, contribuent à donner de l'animation à ce centre. Il est manifeste toutefois qu'Udong, pas plus qu'aucune autre ville du royaume, ne pourrait présenter de résistance sérieuse à une puissance européenne quelconque maîtresse de l'embouchure du fleuve, et qui voudrait le faire remonter par des chaloupes canonnières. Que si, la place enlevée, la capitale était transférée à Ongkor, son ancien site, au pied des montagnes, il n'en coûterait probablement pas plus pour occuper le pays qu'il n'en coûte d'ordinaire aux Anglais pour occuper la plupart des provinces indiennes qu'ils jugent de temps en temps à propos de s'annexer.

Une bonne route conduit d'Udong au grand bras du Mé-Kong, — le Mé-Sap. Dans certains endroits, la chaussée est élevée de plus de 3 mètres au-dessus du niveau de la plaine boisée mais marécageuse qu'elle traverse. Çà et là on rencontre de beaux ponts de pierre ou de bois qui donnent une plus haute idée du savoir-faire des Cambodjiens que de celui des Siamois dans ce genre de constructions. La route est bordée de distance en distance de misérables huttes de bambous élevées sur pilotis.

Nous arrivâmes dans la même journée à Pinhalû, village de quelque importance, situé sur la rive droite du cours d'eau, et dont les habitants descendent de Portugais et de réfugiés annamites. C'est le lieu de résidence d'un évêque français et de trois missionnaires. De ce point je continuai mon voyage par eau. La *Rivière du Lac* ou Mé-Sap a environ 1,200 mètres de largeur, et ses bords sont habités par des Thiâmes ou Malais, qu'on suppose être la même race que les anciens Tsiampois, chez lesquels des missionnaires prétendent retrouver une colonie d'Ismaélites ou d'Iduméens.

J'arrivai le même jour à Penom-Peuh, le grand bazar du Cambodje, situé au confluent des deux grands cours d'eau, le Mé-Sap et le Mé-Kong, et renfermant environ 10,000 habitants, presque tous Chinois, mais comprenant une population flottante de près du double de ce chiffre, composée de Cambodjiens et de Cochinchinois qui vivent sur leurs bateaux. De la pagode on jouit d'une vue étendue : d'un côté, le Mé-Kong et son tributaire se déroulant en deux longs et larges rubans à travers une immense plaine boisée ; de l'autre, une épaisse forêt bornée au nord-ouest et au sud par de petites chaînes de montagnes. Il n'était question à Penom-Peuh que de la guerre de Cochinchine, et les Chinois et les Annamites qui avaient vu la prise de Saïgon ne paraissaient pas porter les Français dans leurs cœurs. L'incendie du marché et les mesures de rigueur inhérentes à la guerre faisaient que ces braves gens que nous traitons de demi-sauvages, parlaient de nous, Européens, comme de complets barbares (1).

Au-dessous de Penom-Peuh est une autre ville flottante, entrepôt pour les marchands, puis trois villes ou villages sur la rive droite du Han-Giang, Taeh-hi, Tchae-con-vi et Tchae-tan-tan, au delà desquels, jusqu'à Benghi, ville frontière des possessions françaises, distante de quelque cinquante kilomètres, et limite

(1) Le pays que parcourait alors M. Mouhot a été depuis soigneusement relevé par nos hydrographes, témoin la carte annexée à l'ouvrage de M. Pallu, *Histoire de l'Expédition de Cochinchine*, sur laquelle Udong est écrit d'après la prononciation figurée française Oudon, et Penom-Peuh, Pnum-Peuh, ou Nam-Van ; et où l'on voit le Mé-Kong se diviser en deux branches, le Han-Giang et le Tien-Giang, lesquelles constituent les rivières principales de la Cochinchine, bien que Saïgon soit également située sur un autre cours d'eau. Etablis à Angiang ou à Chandoc sur l'un, et à Cai-Ving-Khin sur l'autre, à 80 ou 90 kilomètres d'Udong, les Français peuvent, quand ils voudront, occuper le Cambodje. La possession ultérieure du Siam, avec ses villes de bateaux et ses *forêts de feu*, — autrement dit, la fièvre des jungles, — ne vaudrait guère la peine d'être recherchée, le golfe se trouvant de l'autre côté de la presqu'île de Malacca et étant géographiquement uni à la Cochinchine, bien que le Cambodje soit tributaire du Siam. Il n'en est pas de même de l'empire birman, qui constitue une partie des côtes du golfe du Bengale. Un canal à travers la presqu'île serait, en pareil cas, d'un grand avantage international, et l'occupation de toute l'Indo-Chine par les Européens améliorerait indubitablement la condition du peuple et tendrait aux progrès de la civilisation. — Y aurait-il un avantage réel à en retirer pour les nations occupantes ? cela est plus difficile à dire. — M. Mouhot, dans tous les cas, n'enviait pas aux rois de Siam ou de Cambodje leurs fiévreux domaines.

extrême du flux, le pays n'est autre chose que des jungles et des forêts inondées. Sur le Tien-Giang est Saitsh-So, puis la province de Bapnum à l'ouest avec des villes, des villages et des lacs, et enfin un autre grand bazar, comme Penom-Peuh, sur la frontière, auprès de Cai-ving-Khin.

Le grand fleuve du Mé-Kong, *la Mère des rivières*, comme on l'appelle à bon droit, me rappelait le Mé-Nam, au nord de Bankok ; mais son aspect était moins gai ; toutefois, il y avait quelque chose d'imposant dans cette énorme masse d'eau coulant avec la rapidité d'un torrent. Un petit nombre de bateaux à peine visibles s'y creusaient péniblement une route. Les rives, généralement hautes de 5 à 6 mètres, paraissaient presque désertes, et les forêts se montraient dans de vagues contours à 2 kilomètres de distance. Dans le Siam, l'élégant feuillage des bambous et des palmiers se profile nettement sur le bleu du ciel, en même temps que le chant des oiseaux vient charmer l'oreille du voyageur ; ici des troupes de marsouins qui sillonnent la rivière le nez au vent et par intervalles font à l'envi des bonds hors de l'eau ; des pélicans qui s'ébattent sur le rivage, des hérons et des cigognes qui s'enlèvent silencieusement du milieu des roseaux, sont les seuls objets récréants du voyage.

A 60 kilomètres de Pénom-Peuh est la grande île Ko-Sutin, centre d'une mission très-importante, mais martyre du climat. A 20 kilomètres en amont je quittai le fleuve pour gagner Pemptielan, où je reçus un excellent accueil d'un mandarin cambodjien d'un charmant naturel.

Arrivé aux confins du Cambodje, à Pump-Ka-Daye, sur la frontière des *sauvages* Stiêngs, et obligé de renoncer à toute assistance pour continuer mon voyage, j'aurais probablement clos là mon exploration dans cette direction, sans l'heureuse intervention de M. Guilloux, missionnaire français, qui me facilita les moyens de me rendre à Brelum.

Je passai trois mois dans cette dernière ville, faisant des excursions et étudiant la tribu dite sauvage des Stiêngs. Durant tout ce temps, le digne et courageux missionnaire et moi, nous vécûmes presque comme dans une place assiégée, redoutant à chaque instant quelque attaque de l'ennemi et ayant nos fusils constamment chargés. Les forêts d'alentour sont infestées d'éléphants, de buffles, de rhinocéros, de tigres et de sangliers ; ces hôtes peu aimables rôdaient autour de notre campement, et nous ne devions pas nous hasarder, même de quelques pas, dans les bois sans les entendre. Toutefois les scorpions, les centipèdes et surtout les serpents étaient les adversaires que nous redoutions le plus, et contre lesquels il nous fallait le plus nous tenir en garde ; mais quoique moins dangereux, les moustiques et les sangsues étaient, comme à l'ordinaire, l'engeance la plus abominable.

Les sauvages Stiêngs qui habitent cette région, beaucoup plus sauvage qu'eux-mêmes, passent pour avoir la même origine que les indigènes des montagnes et des plateaux qui séparent les royaumes de Siam et de Cambodje du royaume d'Annam. Ils forment autant de communautés particulières qu'il y a de villages, et semblent une race distincte de toutes les populations qui les entourent. Je les crois aborigènes du pays. Leur taille est au-dessus de la moyenne ; ils sont robustes et bien proportionnés ;

leurs traits sont réguliers, et les épais sourcils et les barbes des hommes leur donnent un aspect plein de gravité. Le front est développé et annonce une intelligence supérieure de beaucoup à celle des Annamites. Ces derniers les traitent de sauvages, parce qu'ils ne se laissent pas soumettre, et qu'ils sont si attachés à leurs forêts et à leurs montagnes, que les quitter est pour eux la mort, et que ceux qu'on emmène comme esclaves dépérissent sous l'influence de la captivité et tentent tout pour s'échapper. A la vérité, ils n'ont ni prêtres ni temples, mais ils reconnaissent un être suprême qu'ils appellent Brâ. Ils croient aussi aux démons ; c'est à eux qu'ils attribuent les maladies et tous les maux, et ils leur font même des sacrifices humains. D'un autre côté, ils travaillent admirablement le fer et l'ivoire ; les femmes tissent et teignent les étoffes. Ils cultivent le riz, le maïs, le tabac et diverses espèces de légumes et de fruits, tels que bananes, mangues et oranges. Ils sont habiles dans l'art de la chasse et de la pêche, ne se laissant arrêter, pendant la saison des pluies, que par les sangsues ; il est vrai que parfois il est impossible de résister aux attaques de ces terribles annélides. Quand j'allais dans les bois, il me fallait à chaque instant les arracher de ma peau, car elles attaquent même à distance, et cela ne m'empêchait pas de rentrer avec les jambes ensanglantées et mon pantalon rouge comme celui d'un fantassin français.

Les Stiêngs ont des animaux domestiques, tels que bœufs, porcs, poules et canards, et il est peu de villages qui n'aient leurs éléphants. Ils sont exempts de la lèpre, maladie si commune parmi les Chinois ; ils sont très-propres, se baignant par tous les temps, souvent trois fois le jour. Ils sont en outre très-hospitaliers, et chez eux l'étranger est toujours sûr d'être bien reçu et bien traité. Il n'y a rien de sauvage assurément dans tout ceci, mais ils ont leurs superstitions qu'il est très-dangereux d'offenser. Ainsi, plus d'un visiteur a payé d'un coup de couteau l'injure d'avoir refusé une pipe. Il est d'étiquette également de manger tout ce qu'on vous sert sans rien laisser, tâche vraiment formidable parfois. A d'autres égards, leurs mœurs et leurs coutumes ressemblent beaucoup à celles des Chinois, et on les dit doux et timides par nature. Comme les Lapons, qui parlent toujours en termes courtois du « vieillard à l'habit fourré, » les Stiêngs, dans leurs conversations, traitent avec le plus grand respect les tigres et les éléphants ; ils leur donnent les titres de *grand-père* ou de *seigneur* dans la crainte de les offenser et de s'attirer leur ressentiment.

Pendant les trois mois que je passai à Brelum et dans les environs, mes deux pauvres domestiques eurent presque constamment la fièvre, et je ne sais comment moi-même j'y échappai. L'atmosphère était horriblement humide et épaisse, et au milieu des fourrés, où le soleil pénètre à peine, on était comme dans une étuve. Les constitutions européennes ne résistent point à ce climat, et les braves missionnaires qui s'y exposent vont à une mort lente mais certaine.

II.

Je quittai le pays des Stiêngs le 29 novembre, au moment où il était le plus sec et le plus sain. Je retournai par la route de Penom-Peu au Mé-Sáp, d'où je remontai au Grand Lac, et par ses affluents au nord-ouest, à Battambang et Ongkor. L'entrée du Grand Lac de Cambodje est magnifique : la rivière (Mé-Sap ou rivière du Lac de la carte de M. Pallu) devient de plus en plus large, au point d'atteindre 8 à 10 kilomètres d'une rive à l'autre, puis on rentre dans une immense nappe d'eau appelée Touli-Sap, aussi vaste et agitée qu'une mer. Ce lac a plus de 190 kilomètres de largeur et doit en avoir au moins 650 de circonférence. La côte est basse et couverte de bois épais à moitié submergés ; l'horizon est borné par une chaîne de montagnes dont les plus hauts sommets semblent se perdre dans les nuages. Au grand soleil, les vagues étincellent d'un éclat que l'œil peut à peine soutenir, et sur beaucoup de points on n'a autour de soi que de l'eau. Au centre est planté un mât élevé qui indique la frontière entre les royaumes du Siam et du Cambodje.

C'est sur le territoire de Battambang et d'Ongkor ou Nokhor que je fis mes plus belles découvertes, celle entre autres des restes de l'ancienne capitale du Cambodje ou Kambuja, suivant l'orthographe anglaise du roi. L'étendue et l'importance de ces ruines, surtout à Ongkor et dans ses environs, prouvent qu'au sud des montagnes septentrionales du Grand Lac a régné jadis une dynastie qui avait atteint un remarquable degré de civilisation. La tradition parle encore d'un empire de Khmer ayant une armée de 5 ou 6 millions d'hommes, et auquel vingt rois payaient tribut. Devant la grandeur de ces ruines on reste frappé d'admiration, et l'on se demande involontairement ce qu'ont pu devenir cette race puissante et les auteurs si civilisés, si éclairés de ces gigantesques travaux.

L'un de ces temples, rival de celui de Salomon, construit par quelque Michel-Ange de l'antiquité, figurerait honorablement à côté de nos plus beaux édifices. Il est plus grand que tout ce que nous ont laissé la Grèce et Rome, et contraste d'une manière frappante avec le triste état de barbarie dans lequel la nation est aujourd'hui plongée.

Chose remarquable ! aucun de ces prodigieux ouvrages n'était destiné à servir d'habitation. Les maisons, plus légèrement construites sans doute, ont depuis longtemps disparu de la surface du sol ; les autres étaient probablement des temples bouddhistes. Les statues et les bas-reliefs cependant représentent partout des sujets entièrement laïques ; sur une espèce d'esplanade est une statue qu'on dit être celle d'un roi lépreux de la dynastie des Maha-Nokhor-Kmer. Une chose positive, c'est qu'au milieu de cette architecture hindoue et indo-chinoise, on trouve un mélange notable de style européen. Le pavillon à l'intérieur du grand temple d'Ongkor-Ouat, avec son portique de sveltes et gracieuses colonnes doriques et les colonnades et autres détails d'Ongkor-Ouat et d'Ongkor-Thom ou le Grand, attestent l'intervention d'un art étranger. Une circonstance digne de remarque, c'est que le nom de Rome est familier à presque tous les Cambodjiens ; ils le prononcent Rouma, et placent cette ville à l'occident du monde. Peut-être entendent-ils par là Constantinople, toujours appelée Roum dans l'Asie centrale.

Les architectes européens qui aidèrent à la construction de ces merveilleux édifices indo-chinois, ne peuvent guère cependant avoir été des Macédoniens ou des Romains. Il est plus probable que ces monuments rappellent une relation éloignée de l'empire d'Orient ou de Byzance avec l'Indo-Chine, c'est ce que pourront prouver les détails qui n'ont pas encore été étudiés. Quand les Portugais ouvrirent les premiers la navigation de l'Inde, les chrétiens de Saint-Thomas habitaient depuis des siècles la côte du Malabar. Il n'y a rien de sarrasin dans ces ruines. Elles sont purement indo-chinoises, modifiées d'art romain — peut-être portugais. Peut-être ne remontent-elles pas à une époque aussi éloignée qu'on le pourrait supposer tout d'abord. Les colonnades carrées de ce qu'on appelle le Portique central à Ongkor-Ouat, appartiennent au plus mauvais style du Bas-Empire. Quoi qu'il en soit, la combinaison des hautes pagodes indo-chinoises, avec ces vastes colonnades et ces longues terrasses richement décorées et ces péristyles chargés de sculptures, donne aux ruines d'Ongkor un caractère qui n'existe peut-être pas ailleurs dans les grands monuments de l'Indo-Chine ou de l'Indoustan propre.

Le trait le plus intéressant relatif à la découverte de ce centre de civilisation antique ayant eu des communications avec l'Europe, c'est qu'on retrouve là aussi une région qui, par son climat et la fertilité de son sol, éveille le souvenir de l'Europe.

Nokhor a été le centre et la capitale d'un Etat puissant, riche et civilisé, et en affirmant ce fait, je ne crains pas d'être contredit par ceux qui en connaissent tant soit peu les ruines gigantesques. Maintenant, un pays riche et puissant suppose un commerce actif et étendu. Il est hors de doute qu'il en a été ainsi jadis du Cambodje, et qu'il en serait encore de même aujourd'hui sous un gouvernement sage, si l'on encourageait l'agriculture au lieu de la dédaigner, si le pouvoir était moins despotiquement absolu, et si surtout l'esclavage était aboli, — l'esclavage, cette misérable institution qui est une barrière à tous les progrès, qui ravale l'homme au niveau de la brute et l'empêche de cultiver au delà de ses besoins présents !

La plus grande portion du sol est merveilleusement fertile, et le riz de Battambang est supérieur à celui de Cochinchine. Les forêts produisent des gommes précieuses, de la gomme laque, de la gomme-gutte, des cardamones, etc., et certaines résines utiles. Elles produisent aussi des bois très-estimés et pour la consommation indigène et pour l'exportation, et une grande variété de bois de teinture. Les mines rendent de l'or, du fer et du cuivre.

Les fruits et les légumes de toute espèce abondent, et le gibier pullule. Le Grand Lac est par-dessus tout une source de richesse pour la nation tout entière. Les poissons y sont si incroyablement nombreux, que, quand l'eau est haute, on les écrase sous les bateaux et que la manœuvre des rames en est fréquemment gênée. Les quantités qu'y prennent chaque année les industrieux Cochinchinois sont littéralement miraculeuses. La rivière de Battambang n'est pas moins poissonneuse, et j'ai vu prendre dans un seul filet une couple de milliers de poissons.

Je ne dois pas non plus oublier de mentionner les diverses productions qui forment une partie si importante de la richesse d'un peuple et dont la culture réussirait ici à merveille. Je citerai particulièrement le coton, le café, l'indigo, le tabac et le mûrier, et en fait d'épices la muscade, le girofle et le gingembre. Toutes ces plantes sont cultivées aujourd'hui même, quoique sur une échelle restreinte, et sont de qualité supérieure. On recueille assez de coton pour fournir toute la Cochinchine et même pour en exporter encore en Chine. La petite île de Ko-Sutin seule, louée aux planteurs par le roi de Cambodje, emploie une centaine de bâtiments au transport du coton. Que serait-ce, si ces régions appartenaient par exemple à un pays comme l'Angleterre, et qu'elles fussent gouvernées comme le sont les dépendances de cette grande et généreuse nation ?

L'état présent du Cambodje est déplorable et son avenir menaçant (1). Autrefois, cependant, c'était un pays puissant et populeux, les ruines splendides des provinces de Battambang et d'Ongkor en font foi ; mais aujourd'hui la population est excessivement réduite par suite des guerres incessantes qui se font entre les Etats voisins. Je ne crois pas que le pays renferme aujourd'hui plus d'un million d'habitants, et, d'après le dernier recensement, le nombre des hommes libres propres à porter les armes n'excède pas 30,000 ; les esclaves, comme en Siam, ne sont pas astreints au service militaire et ne payent pas d'impôts. Outre les Chinois, dont le nombre est relativement grand, on compte beaucoup de Malais, établis dans le pays depuis des siècles, et une population flottante d'Annamites s'élevant de 2,000 à 3,000 individus. Comme les chiffres relevés ne comportent que les hommes propres au service actif, les autorités ne peuvent fournir de données exactes.

La conquête européenne, l'abolition de l'esclavage,

---

(1) Depuis lors, une insurrection a mis le jeune frère du roi sur le trône, et ce prince, on le sait, s'est placé sous le protectorat de la France.

des lois sages et protectrices jointes à l'expérience, à la fidélité et à l'honnêteté chez les fonctionnaires chargés de les exécuter, pourraient seules effectuer la régénération du pays. Le Cambodje confine à la Cochinchine, que la France travaille en ce moment à soumettre et qu'indubitablement elle soumettra ; sous son sceptre il deviendrait une terre promise. Je souhaite que la France possède cette terre ; ce sera un magnifique joyau à ajouter à sa couronne, mais mon plus vif désir aussi est qu'elle fasse un choix judicieux parmi les hommes qu'elle désignera pour l'administrer, afin que le nom de ma belle et bien-aimée patrie soit aimé, respecté et honoré dans l'extrême Orient comme il devrait l'être partout.

Les principales productions du Cambodje sont le tabac, le poivre, le gingembre, le sucre, la gomme-gutte, le café, la soie et le coton. Ce dernier et important article de commerce réussit ici admirablement ; et comme l'Amérique est, paraît-il, menacée d'une guerre civile, on peut se demander si l'on doit désormais compter sur ce pays pour approvisionner l'Europe comme il l'a fait jusqu'ici. Si cet approvisionnement venait à manquer, même en partie, et que des milliers d'ouvriers fussent en conséquence mis sur le pavé sans emploi, quel vaste champ pourrait être ouvert sur les bords du Mé-Kong et du Touli-Sap à l'activité, à l'industrie et aux capitaux européens !

L'Angleterre, la grande nation colonisante, pourrait rapidement faire de la basse Cochichine et du Cambodje une vaste plantation de coton, et il est hors de doute que si elle s'y mettait sérieusement avec ses possessions de l'Australie, des Indes et de la Nouvelle-Zélande, elle accaparerait le monopole, qu'a maintenant l'Amérique, de ce précieux article et que nous serions dans ce cas forcés de lui acheter. Pourquoi ne nous approvisionnerions-nous pas nous-mêmes directement ? L'île de Ko-Sutin seule, dont les terres appartiennent à la couronne, sont louées par lots à des planteurs de coton à raison de 25 francs le lot, est un exemple à citer des profits qu'on réalise par la culture de cette plante. Chaque lot donne un revenu de plus de 1,200 francs.

Les forêts, situées sur des terrains plus élevés, regorgent de bois de construction justement célèbres et d'arbres à gomme et à résine très-estimés dans le commerce, tels que le bois d'aigle et plusieurs espèces de bois de teinture.

Les montagnes renferment dans leur sein de l'or, du plomb argentifère, du zinc, du cuivre et du fer, ce dernier minerai en abondance. On est étonné de voir ces terres fertiles fournir si peu à l'exportation ; mais les souverains et les mandarins s'enrichissent par le vol, l'extorsion et tous les abus qui peuvent ruiner un pays et en retarder les progrès. Si ces territoires étaient gouvernés avec sagesse, intelligence et probité, et conformément aux intérêts des classes ouvrières, les affaires changeraient complètement d'aspect.

Les impôts ne pèsent aujourd'hui que sur le cultivateur et le producteur : plus ceux-ci amassent, plus ils ont à payer. Il en résulte que, prédisposés à l'indolence par l'influence du climat, ils se sentent peu enclins à combattre ce vice. Le beau cardamome de Pursat, si recherché des Chinois qui le payent très-cher, est entièrement monopolisé par le roi et ses ministres ; et il en est à peu près de même de tout produit avantageux.

Après un séjour de trois semaines dans les murs d'Ongkor-Ouat, je retournai à Battambang, d'où je partis à travers le pays pour Bankok. Une partie de la route coupe une plaine immense, presque un désert, et j'eus beaucoup à souffrir de la chaleur, des moustiques et du manque d'eau.

Le 4 avril, je regagnai la capitale après quinze mois d'absence. Pendant la plus grande partie de ce temps je n'eus jamais le bonheur de coucher dans un lit, et durant toutes mes pérégrinations je n'avais vécu que de riz et de poisson séché, sans jamais avoir pu boire de bonne eau.

Je m'étonne de m'être toujours si bien porté, surtout dans les forêts, où, trempé souvent jusqu'aux os et sans vêtement de rechange, j'ai eu à passer des nuits entières auprès d'un feu allumé au pied des arbres. Cependant je n'ai pas encore eu une seule attaque de fièvre et me suis toujours senti alerte et dispos, surtout quand j'avais la chance de tomber sur quelque chose de nouveau. La nature a ses amants, et l'on ne connaît les joies qu'elle donne que quand on les a goûtées. J'avoue franchement que je n'ai jamais été plus heureux qu'au milieu de ces grandes et magnifiques scènes des tropiques, dans la profonde solitude de ces épaisses forêts dont le chant des oiseaux et le cri des animaux sauvages rompent seuls le solennel silence ; et, lors même que je serais destiné à y trouver la mort, je ne changerais pas mon lot pour toutes les joies et tous les plaisirs du monde civilisé.

La saison des pluies ayant commencé, je dus retarder mon voyage projeté au Laos, et j'en profitai pour aller à Petchaburi sur la presqu'île de Malacca, où le roi de Siam a un palais au sommet d'une colline. Au pied s'étendent des forêts de palmiers et des rizières, et le paysage est riche et varié de tons. Derrière est une chaîne de montagnes habitées par des Kariens indépendants et où je visitai des grottes fort curieuses. Mais il pleuvait toujours, et mes acharnés persécuteurs, les moustiques, me mettaient en sang le corps, la figure et les mains. Par moments je poussais des cris de douleur et d'exaspération. Il vaudrait mieux, en vérité, avoir affaire de temps en temps à une bête féroce que de se trouver exposé sans trêve ni merci à un tourment pour lequel il n'est pas de remède.

Après un séjour de quatre mois à Petchaburi, je retournai à Bankok pour me préparer à mon voyage au Laos. Là, j'appris que le steamer *Sir James Brook*, à bord duquel j'avais expédié toutes mes collections recueillies au prix de tant de risques, avait coulé au large de Singapour. Ce désastre était bien fait pour ralentir mon ardeur à me lancer dans de nouvelles entreprises. Je partis néanmoins et remontai le Mé-Nam, accompagné de mon fidèle Phraï, d'un cuisinier chinois et de quatre rameurs du Laos, sans parler du petit Tine-tine, qui avait bravé à la fois serpents, bêtes féroces et climat.

Les rives du fleuve étaient couvertes de moissons splendides, les inondations périodiques les rendant aussi fécondes que les rives du Nil. J'atteignis bientôt les montagnes de Phrabat et respirai avec délices leur pure atmosphère. Le temps était agréable, et une brise fraîche vous soufflait au visage. Plus haut toutefois je trouvai le climat moins enchanteur. A Khao-Khoc, l'air est humide et malsain, et horriblement lourd ; la tête vous brûle. Tantôt on étouffe de chaleur, tantôt on est transi de froid. Pendant le trajet, je fus saisi du plus violent mal de tête que j'eusse jamais eu depuis mon arrivée dans le pays, et je souffrais souvent de l'estomac ; mes deux hommes, de leur côté, avaient de temps à autre des attaques de fièvre intermittente. Après tout, la mort nous dresse tant de piéges, que c'est une chance de lui échapper. Les Laotiens attribuent toutes les maladies à la présence de démons dans le corps du patient.

Chaque jour, je faisais des excursions pour accroître mes collections. Dans une de ces circonstances, au moment où je rejoignais mes serviteurs endormis au pied d'un arbre, j'aperçus un gros tigre qui s'apprêtait à s'élancer sur l'un d'eux. J'arrivai juste à point pour loger une première balle dans l'épaule de la bête et pour l'étendre morte de mon second coup.

A mon arrivée à Tchaïapoune (28 février 1861), le gouverneur me dit que si je voulais des bœufs ou des éléphants, je pouvais en aller chercher dans la forêt. Je fus donc obligé de revenir sur mes pas jusqu'à Bankok, où, à l'aide de présents, je pus me munir de lettres de recommandation plus pressantes. Ainsi pourvu, j'obtins ce dont j'avais besoin pour effectuer à nouveau la traversée de la terrible forêt Dong Phya Phaïe, « la forêt du roi du feu, » et cela sans paroles magiques pour terrifier les démons qui l'habitent, sans amulettes de dents de tigres ou de cornes de cerf, sans rien, en un mot, que ma foi en Dieu.

Le profond silence de cette vaste forêt et sa luxuriante végétation tropicale sont indescriptibles. Je passai plusieurs nuits dans ces bois maudits, où mes compagnons chinois ne prenaient jamais leur repas sans le faire précéder de leurs cérémonies religieuses habituelles et d'offrandes aux mânes de leurs ancêtres, tant ils avaient peur que la maladie ne s'abattît sur eux. Pendant la saison des pluies, avec les pieds dans la boue, le corps en transpiration, et pour atmosphère vivifiante un air fétide, chaud comme celui d'un four et chargé de miasmes délétères, beaucoup de Laotiens eux-mêmes succombent en traversant la forêt. De ma caravane, deux Chinois arrivèrent à Korat avec une fièvre effrayante, et mes deux domestiques n'étaient guère en meilleur état. Beaucoup de nos bœufs périrent aussi de fatigue et d'épuisement.

Une fois hors de ces grands bois si redoutés, nous entrâmes dans une région de broussailles et de grandes herbes pleines de daims, et, après avoir franchi quelques collines, nous eûmes un air plus frais et plus pur. Au delà, nous traversâmes de nombreux et importants villages, dans l'un desquels je vis un troupeau de six cents bœufs appartenant au roi. Le quartier chinois de Korat, le chef-lieu de la province, renferme soixante ou soixante et dix maisons, bâties en briques séchées au soleil et entourées de palissades de trois mètres de hauteur, aussi fortes que celles d'un rempart, ce qui ne plaide pas beaucoup en faveur de la sécurité du pays. Korat est, dans le fait, un repaire de voleurs et d'assassins, écume des races du Laos et du Siam. Au delà du quartier chinois, qui constitue le bazar, est la ville proprement dite, entourée d'une muraille de pierres ferrugineuses et contenant cinq ou six mille habitants ; elle est la résidence d'un gouverneur et possède plusieurs pagodes avec un caravansérail.

La province entière de Korat comprend une douzaines de villes et de nombreux villages ; quelques-unes de ces villes comptent de cinquante à soixante mille habitants. Ce petit Etat est simplement tributaire du Siam, et l'on y trouve de nombreux restes de la vieille dynastie d'Ongkor ou de Khmordôm.

Je me procurai là des éléphants, deux pour moi et mes domestiques, et deux autres pour mes bagages, pendant mon voyage dans le Laos, — pays, par parenthèse, où je ne pus faire usage d'aucune des cartes existantes. — Pour la suite de mon expédition, les Chinois me donnèrent l'avis éminemment pratique qui suit : « Achetez un tam-tam, me dirent-ils, et partout où vous vous arrêterez, faites-le résonner. On dira : « Voici un officier du roi. » Les voleurs s'éloigneront, et les autorités auront aussitôt de la considération pour vous. Si cela ne suffit pas, la chose indispensable, quand vous voudrez lever les obstacles que les chefs laotiens ne manqueront pas de mettre partout sur votre route, c'est un bon rotin ; le plus long sera le meilleur. Essayez-en sur le dos du premier mandarin qui vous fera la moindre résistance ou n'optempérera pas tout de suite à vos ordres. »

Je poursuivis ma route néanmoins sans tam-tam ni rotin ; mais j'eus le malheur, dès le début, d'être pris par la pluie dans une forêt et d'y être retenu cinq jours avec des vêtements trempés. Le pauvre Phraï fut saisi d'une horrible fièvre, et moi-même je me sentais très-malade. Je regrettais d'avoir entrepris de pénétrer dans ces régions inexplorées, à une pareille époque de l'année. Le pays n'est que montagnes et bois ; les habitants sont pauvres et grossiers ; on n'a d'autre moyen de transport que les éléphants. Chaque village possède au moins quelques-uns de ces animaux, et plusieurs en ont jusqu'à cinquante ou cent.

Les habitants se partagent en deux classes : les « Laotiens à ventres blancs, » ou indigènes du Laos propre, et les « sauvages à ventres noirs, » ou Lao-Zuene, ainsi appelés de leur manière de se tatouer.

La plupart des villages sont situés à une journée de marche l'un de l'autre ; mais plus d'une fois j'eus à marcher trois ou quatre jours sans voir une seule habitation et sans autre alternative que de coucher dans le jungle. Cela peut être agréable dans la saison sèche ; mais, quand viennent les pluies, rien ne saurait donner l'idée des souffrances du voyageur pendant la nuit, misérablement abrité qu'il est sous un toit de feuilles construit à la hâte, assailli par des myriades de moustiques qu'attire la lumière du feu et des torches, par des légions de mouches à bœufs, qui, une fois le soleil couché, attaquent l'homme aussi bien que les éléphants, et par des essaims de petites puces à peine visibles, dont les morsures sont excessivement douloureuses et qui vous font d'énormes boursouflures. A ces ennemis ajoutez les sangsues, qui, après la plus petite pluie, sortent de terre, vous flairent à vingt pas, se précipitent sur vous et vous sucent le sang avec une prodigieuse activité.

J'avais quitté Bankok le 12 avril, et le 16 mai j'atteignais Leuye, chef-lieu d'un district appartenant aux deux provinces de Petchabrine et de Lôrne. La ville est située dans une étroite vallée, comme toutes les villes et les villages qu'on rencontre après avoir quitté Tchaïapoune. C'est la région du royaume de Siam la plus riche en minéraux ; l'une de ses montagnes contient d'immenses couches de fer magnétique d'excellente qualité ; d'autres ont de l'antimoine, du cuivre argentifère et de l'étain. On ne travaille que le fer, et cette population, moitié agricole, moitié industrielle, fournit de bêches et de coutelas toutes les provinces environnantes. Le goître est horriblement commun chez les habitants des montagnes.

Le 24 juin, j'arrivai à Paklaïe, ville charmante sur le Mé-Kong, avec des maisons élégantes et spacieuses. Cette rivière, qu'on a décrite comme étant un simple ruisseau dans les montagnes du Laos, est plus large là que le Mé-Nam à Bankok, et elle a l'impétuosité d'un torrent. Il est vrai que je la voyais à l'époque des hautes eaux. Cent cinquante kilomètres plus loin, au nord, j'arrivai à Tadua, après huit jours de voyage à travers le même genre de pays, passant d'une vallée dans l'autre et franchissant des montagnes de plus en plus élevées ; mais dans cette région, du moins, j'atteignais tous les soirs un hameau ou un village, avec un caravansérail ou une pagode. S'il arrivait qu'un éléphant, pendant le trajet, tombât dans un ravin, tous les autres immédiatement, sans s'inquiéter des hommes et des fardeaux qu'ils portaient, s'y précipitaient à sa suite pour l'en tirer. On ne se figure pas jusqu'où vont l'intelligence et l'affection de ces dociles et merveilleux animaux. Le Mé-Kong continuait d'avoir là plus d'un kilomètre de largeur, coulant majestueusement à travers de hautes montagnes, ornées de la plus riche et la plus épaisse verdure. Il y avait presque excès de grandeur dans le paysage.

Le 25 juillet, j'entrais dans Lùang-Prabang, la capitale du Laos, le point extrême de mon expédition. Lùang-Prabang est une délicieuse petite ville, qui couvre un kilomètre et demi de terrain et renferme une population de sept ou huit mille âmes. Elle est coquettement située dans une vallée circulaire de 15 kilomètres de diamètre. Je fus, dès mon arrivée, présenté aux princes qui gouvernent ce petit Etat et qui portent le titre de rois. Les habitants me parurent être plus industrieux que les Siamois et posséder un esprit plus aventureux et plus commerçant ; ils sont aussi plus intelligents que les Siamois et les Cambodjiens ; mais, s'ils sont moins curieux, ils sont moins hospitaliers. Les Chinois, les Birmans et les Indiens trafiquent avec le pays, mais les missionnaires n'y ont pas pénétré, comme chez les Annamites ; le danger de la fièvre des jungles les a retenus.

Nous terminons ici cette analyse du journal de M. Mouhot. Notre courageux compatriote fit encore plusieurs excursions autour de Lûang-Prabang et recueillit un grand nombre de faits intéressants pour la géographie. Les dernières dates de son journal sont profondément touchantes dans leur simplicité :

« 19 *octobre*. — Pris de fièvre.

» 29 *octobre*. — Ayez pitié de moi, ô mon Dieu ! »

Ces mots, tracés d'une main tremblante et d'une écriture incertaine, sont les derniers. Son fidèle Phraï lui demanda à diverses reprises s'il ne voulait pas écrire à sa famille ; mais la réponse invariable fut : « Attends, attends encore ; as-tu donc peur ? » L'intrépide voyageur ne crut pas un seul instant que sa fin fût proche ; la maladie l'avait épargné tant de fois ! Il était certainement convaincu qu'il en reviendrait, sans quoi il eût fait un effort pour écrire encore.

Il mourut le 10 novembre 1861, à sept heures du

soir, n'ayant plus sa connaissance depuis trois jours. Avant ce temps toutefois il s'était plaint de grandes douleurs de tête. Toutes les paroles qu'il prononça pendant le délire des trois derniers jours étaient en anglais et incompréhensibles pour ses serviteurs. La coutume du pays est de suspendre les morts aux branches des arbres et de les y abandonner. Le voyageur français fut enterré, lui, à la manière européenne, en présence de ses deux domestiques, qui ne l'avaient pas quitté d'un instant.

Lûang-Prabang, où périt M. Mouhot, n'est qu'à une centaine de kilomètres des frontières de la Chine. Il avait donc réussi à traverser dans presque toute sa longueur le Laos central. Son intention, s'il avait vécu, était de descendre le Mé-Kong jusqu'à la Cochinchine avec ses collections.

III.

LA CHINE.

CARACTÈRE NATIONAL. — CONDITION SOCIALE. — GÉOGRAPHIE PHYSIQUE. — RESSOURCES AGRICOLES, INDUSTRIELLES ET COMMERCIALES.

I.

Les ressources et la condition politique de l'empire chinois offrent en ce moment un sujet de grave méditation. L'extension rapide des relations commerciales entre ce pays et les puissances maritimes de l'Europe appelle toute l'attention des économistes et du public en général sur les aptitudes et la vie intérieure d'une nation dont la prospérité ou la décadence intéressent l'Occident d'une manière de plus en plus directe.

Nous nous proposons de limiter notre champ d'étude à la partie du Céleste Empire connue des Européens sous le nom de Chine proprement dite, et désignée par les indigènes sous celui d'Empire du Milieu. Bien, en effet, que les possessions de la dynastie mantchoue actuellement sur le trône embrassent d'immenses territoires dans l'Asie du centre et du nord, ces territoires n'ont qu'une influence très-secondaire sur les destinées ou la condition de la Chine. Nous laisserons par conséquent de côté les hauts plateaux du Thibet et les plaines sablonneuses et désertes de la Mongolie. La Mandchourie, comme étant le pays originaire de ces Tartares qui gouvernent aujourd'hui l'empire, a fait quelque peu parler d'elle dans ces derniers temps ; mais en ce qui concerne les Chinois, elle n'a d'importance que comme déversoir du trop plein de la population des provinces maritimes.

La situation géographique de la Chine a eu une influence spéciale sur le caractère et les institutions de ses habitants. Les difficultés et les dangers du voyage à terre à travers le Turkestan et le Thibet, et la longueur du voyage de mer par le Pacifique ou l'océan Indien, ont jusqu'à présent contribué à l'isoler de tous les intérêts européens ; même à l'époque la plus florissante de l'empire romain en Orient, on a trouvé plus profitable de négliger le transit par terre, pour faire d'une île de la mer des Indes, située à moitié chemin entre les deux empires, le marché commun de leur commerce respectif.

Il est ainsi arrivé nécessairement que les Chinois se sont montrés profondément indifférents aux révolutions des nations occidentales, qu'il n'en est résulté sur eux aucune influence, et que trouvant dans le sol fertile de leur immense pays d'amples ressources pour tous leurs besoins, ils n'ont eu aucune raison pour aller chercher sous d'autres climats les productions que fournissait si abondamment le leur. On ne cite qu'une circonstance où les Chinois se soient départis de leur système de centralisation. Il était réservé à cette race de matérialistes de donner au monde le seul exemple qui existe d'un peuple allant emprunter de propos délibéré, et adoptant pour lui-même spontanément la religion d'une nation étrangère. Un empereur de la dynastie Han dépêcha des ambassadeurs vers l'ouest pour découvrir la vraie religion, qu'on supposait pratiquée quelque part dans cette direction. A leur arrivée dans l'Inde septentrionale, ces ambassadeurs trouvèrent le peuple attaché avec ferveur aux dogmes de Fo (Bouddha). Contents de ce qu'ils avaient vu et enchantés sans doute aussi de retourner chez eux, les Chinois rebroussèrent chemin, ramenant avec eux des prêtres pour répandre la foi nouvelle. Ce fut ainsi que le bouddhisme fut introduit en Chine. (66 de J.-C.)

L'effet de cet isolement sur le caractère et la civilisation des Chinois est précisément ce qu'on devait attendre. Ignorants des progrès des autres nations, et par conséquent des principes auxquels ces progrès étaient dus, ils ont pris leurs propres lois et leurs propres institutions pour le dernier mot de la sagesse humaine. Ainsi des générations successives ont suivi passives et satisfaites le sentier tracé pour elles par leurs ancêtres, et du laboureur qui retourne patiemment le sol d'après les règles de l'antiquité à l'aspirant fonctionnaire qui étudie les préceptes de Confucius, la nation tout entière est demeurée vingt-deux siècles immuable dans son obéissance aux maximes de ses pères.

Cette obéissance, en quelque sorte servile, à des règles fixes de conduite, a, dans un pays à population aussi dense que la Chine, un certain nombre d'avantages essentiels, et facilite singulièrement l'action du gouvernement. Fort heureusement les premiers législateurs de la Chine avaient pourvu le peuple de nombreuses lois fiscales et pénales excellentes ; d'autre part, Confucius et ses commentateurs lui ont légué pour guide de morale des maximes d'un très-haut mérite. De grands bienfaits et un degré considérable de prospérité intérieure sont également résultés de ce vaste système de concours et d'autorité patriarcale qu'on trouve à la base de toute administration chinoise, système qui a contribué à maintenir l'intégrité du Céleste Empire.

Les missionnaires catholiques qui, au dix-septième siècle, entreprirent de parcourir la Chine, furent surpris de l'état avancé de civilisation des provinces, et ils crurent naturellement le peuple chinois plus instruit et plus capable qu'il ne l'était réellement. A cette époque l'Europe commençait à sortir du malaise qu'avaient laissé derrière elles des guerres civiles longues et barbares. Les missionnaires avaient donc en quelque sorte raison de considérer la Chine comme un pays relativement très-civilisé; mais les remarquables progrès du savoir européen et les nombreuses découvertes scientifiques des deux derniers siècles ont complètement changé les positions respectives. Il y a longtemps que la Chine est comparativement stationnaire et même rétrograde; il faut qu'elle s'apprête à recevoir une vigueur nouvelle de l'influence graduelle des sciences et de l'activité européennes.

On à prétendu, avec quelque apparence de raison, que l'introduction des méthodes de penser et de faire des nations occidentales finira à la longue par agir fatalement sur les institutions existantes du pays, et que les Chinois sont destinés à céder à la supériorité intellectuelle et physique des étrangers. Les fréquentes rébellions des provinces, les empiétements des nations étrangères, la faiblesse du gouvernement impérial, et par-dessus tout l'absence apparente de cohésion dans le peuple, s'accordent avec cette manière de voir. Mais il arrive que le progrès, l'élément principal qui manque jusqu'à présent à la civilisation chinoise, se développe peu à peu, mais sûrement, à la faveur de cet état de désorganisation. Les dernières hostilités avec la France et l'Angleterre, l'existence d'une guerre civile semi-religieuse créée principalement par la présence et l'enseignement des missionnaires étrangers, le fait de consuls et de négociants habitant et commerçant en parfaite liberté au cœur du pays, tous ces événements et d'autres encore ont fini par appeler l'attention de ce peuple longtemps isolé sur la véritable puissance de ses visiteurs étrangers, et ont ouvert son esprit au sentiment de sa propre faiblesse.

Comme nation, les Chinois sont doués d'une prompte intelligence de tout ce qui affecte leurs intérêts. En outre, leur finesse asiatique leur apprend à tirer le plus grand parti possible de toute occasion qui s'offre à eux d'accumuler des richesses ou d'acquérir de la puissance. Ils ont aussi des aptitudes remarquables pour le travail; ils sont patients, persévérants, et dès qu'ils s'apercevront qu'il y a pour eux avantage à adopter les perfectionnements étrangers, il est positif qu'ils ne négligeront aucun moyen de se les approprier. Laissez le progrès souffler un peu sur leur pays, et les nations occidentales de l'Europe verront bientôt à quelle rude concurrence elles auront affaire.

La caste est peut-être l'institution la plus radicalement contraire au progrès des peuples de l'Orient : eh bien, cette institution n'existe dans aucune partie du Céleste Empire. Les Chinois, par conséquent, ne sont arrêtés par aucune idée de dérogation ni de dégradation personnelle, et comme, dans toutes leurs relations sociales, ils ont au suprême degré ce qu'on appelle « l'esprit de clocher », ils ont pour leur sol natal un attachement profond. Ils font d'excellents agriculteurs et des artisans aussi ingénieux qu'habiles ; ils possèdent cet entrain et cette activité qui sont si nécessaires au bien-être des pays où il y a surabondance de population.

La Chine propre a de nombreux avantages physiques : les cours d'eau y sont multipliés, et beaucoup d'entre eux sont navigables sur une portion de leur étendue plus longue que d'ordinaire ; les communications par eau au moyen de canaux sont établies sur une vaste échelle ; le pays montagneux de l'ouest est riche en minéraux, et la houille s'obtiendrait au besoin en quantités énormes des provinces du nord-ouest et du centre. La Chine possède aussi une grande étendue de côtes maritimes remarquablement libres d'écueils et de bas-fonds, et contenant un certain nombre de havres bien abrités.

Il ne faut cependant pas s'imaginer que les Chinois soient un peuple très-riche, ou que leur sol soit exceptionnellement productif. On s'est beaucoup trompé sur ces deux points par suite des notions rapportées par des voyageurs qui, n'ayant visité que les districts fertiles de la côte, et jugeant par ce qu'ils avaient vu de leurs yeux, se sont fait une idée exagérée du revenu et de la population de l'empire entier. Les provinces qui ont fourni la donnée des informations principales sont justement celles de Tche-kiang et de Kiang-sou, où sont les fameux ports de Ning-po et de Changhaï. On comprendra les erreurs résultant de cette manière de juger l'ensemble général quand on saura que le Tche-kiang et le Kiang-sou, quoique ne formant en superficie que le quatorzième de l'empire chinois, produisent plus du cinquième du revenu total et nourrissent un sixième de la population.

La géographie physique d'un pays contenant l'énorme superficie de plus de 2,000,000 de kilomètres, et embrassant tout l'intervalle compris entre le 20e et le 40e degré de latitude Nord et le 96e et 120e degré de longitude Est, est nécessairement très-variée. Mais on simplifie singulièrement le sujet en considérant la Chine propre comme formant trois divisions physiques distinctes : le pays des montagnes, le pays des collines et la Grande-Plaine. En jetant les yeux sur la carte de la Chine, on remarque que la ligne du 108e de longitude Est partage l'empire en deux portions presque égales, contenant chacune une superficie de plus de un million de kilomètres carrés. Tout le pays à l'ouest de cette ligne est montagneux et peu peuplé ; à l'est le sol descend vers la mer et embrasse les provinces fertiles et populeuses de la Plaine et du pays des collines.

Rien ne montre plus clairement la différence signalée qui existe entre la puissance productrice de la Chine occidentale et celle de la Chine orientale que les chiffres de la population et du revenu pour l'année 1847, année dont les calculs sont encore les plus acceptables. On y voit que sur une population générale de 368 millions d'individus la division occidentale susindiquée n'a guère que 65 millions. La disproportion est plus grande encore pour le revenu ; car dans le total perçu par le trésor impérial, la division orientale figure pour une somme plus de sept fois plus considérable que la division occidentale. Cette excessive disparité dans les conditions relatives de l'empire, et les conséquences qui en résultent pour les ressources des provinces maritimes ont une influence fatale sur le bien-être général de la nation.

La Plaine occupe la plus grande partie de la Chine nord-orientale. Commençant au pied de la grande muraille, elle s'étend au sud jusqu'aux bords du Yang-tsi-kiang sur une largeur qui varie de 240 à 640 kilomètres, avec une superficie générale de 336,000 kilomètres carrés. La partie qui mord sur la province du Tchi-li, et qui fournit aux besoins les plus immédiats de Pékin, est sèche et sablonneuse et produit en abondance du blé, du millet et des légumes. A mesure qu'elle s'élargit vers le sud, la Plaine est abondamment arrosée par de nombreuses rivières et les lacs du Kiang-sou et du Ngan-houi et produit une immense quantité de grain, de tabac, de coton et de thé; sa portion la plus productive appartient à la province maritime du Kiang-sou et elle a l'avantage d'être traversée par le Grand Canal. Cette partie de la plaine est surtout remarquable par la compacte population qu'elle renferme; quelque incroyable que cela paraisse, il est prouvé que le Kiang-sou ne nourrit pas moins de 496 habitants par kilomètre carré.

Le caractère physique de la Plaine varie suivant les provinces. Dans le Chang-toung, son niveau est considérablement au-dessus de celui de la mer et sa surface est ondulée. A mesure qu'elle s'approche de la côte, elle s'affaisse et devient parfois marécageuse. Près de ses limites méridionales dans le Ngan-houi et le Hou-pé, le terrain redevient onduleux et sec, à l'exception de la partie voisine de l'Yang-tzi que le débordement de cette rivière couvre annuellement. La Grande-Plaine est plus productive et renferme une population plus dense qu'aucun autre pays de même étendue ; c'est à la Grande-Plaine que la Chine doit près de la moitié de sa population et plus de la moitié de sa richesse.

Le Pays des Collines peut être défini comme comprenant la partie de la Chine au sud de l'Yang-tzé-kiang, située entre le 107e degré de longitude Est et la mer. Les pentes des collines produisent le thé, les vallées et le sol fertile qui avoisine l'embouchure des rivières donnent d'énormes récoltes de riz, et les bords des cours d'eau intérieurs sont plantés de mûriers dans les districts à soie, et d'arbres fruitiers, dans les provinces tropicales. Toute cette partie de l'empire est abondamment pourvue de voies de communication par eau ; ainsi, bien que la nature marécageuse des districts à riz et d'autres causes locales aient empêché jusqu'ici la construction de routes suffisamment larges pour la circulation des voitures, cependant, grâce au réseau existant de canaux et de rivières, il ne manque pas de moyens de transport efficaces et assez rapides.

Le Pays des Montagnes comprend toute la moitié de l'intérieur de l'empire. Il a pour limites, à l'ouest, les hauts et stériles plateaux du Thibet et les déserts de sable de la Mongolie. Les principaux traits physiques de ce pays stérile sont de longues chaînes de montagnes courant, en lignes parallèles, du sud au nord. Les habitants sont généralement pauvres et souvent exposés à de rudes privations. Le riz, leur principale nourriture, leur est importé pour la plus grande partie des provinces fécondes du littoral, et quand cet article manque, ce qui, par suite de causes impossibles à combattre, est trop souvent le cas, la famine sévit d'une manière affreuse.

Les missionnaires catholiques qui habitent ces provinces peignent sous les couleurs les plus sombres la misère des populations ouvrières au milieu desquelles ils vivent. Dans le Szu-tchouan, vaste province quatre fois plus grande que l'Angleterre, des mères vendent leurs enfants en esclavage, des familles entières meurent de faim, et des milliers d'individus n'ont, pendant des mois, pour toute nourriture que quelques grains de riz mélangés avec des racines et de la terre. Sevrés par le Thibet de toutes ressources sur leur frontière occidentale, les habitants du Szu-tchouan ne peuvent absolument compter que sur le maigre produit de leur sol avare, et sur les importations qui leur arrivent des provinces de l'Est ; encore ces importations sont-elles souvent singulièrement réduites par les inondations de l'Yang-tzé-kiang et du Houang-ho, ou par les insurrections qui, depuis quelque temps, désolent l'empire entier avec tant de persistance.

Le travail de la population répandue dans les provinces de l'ouest consiste surtout dans l'extraction des minéraux et des métaux, qui sont la principale richesse de cette partie de la Chine et dont les plus importants sont la houille, le fer, le cuivre, l'or et l'argent.

La houille qui approvisionne en grande partie le sud se tire du Szu-tchouan. L'Yang-tzé, dans son cours à travers cette province, coupe à angles droits une série de chaînes de collines qui se dirigent du sud au nord. Dans les gorges ainsi formées, d'étroites bandes horizontales de charbon, mesurant d'un mètre à un mètre et demi d'épaisseur, sont mises à nu sur la face des versants. Les hommes employés à l'exploitation de ces filons ne fouillent pas à une grande profondeur ; ils se contentent ordinairement de gros blocs qu'ils trouvent à la surface. Ce charbon est de qualité inférieure et mauvais pour la marine à vapeur.

On tire aussi de la houille, mais en quantité restreinte, des provinces centrales de Kiang-si et de Hou-nan, mais comme elle est presque exclusivement bitumineuse, elle ne sert guère qu'aux distilleries de sam-chou, espèce d'eau-de-vie jaune très-forte qu'on extrait du riz et que l'on consomme abondamment dans toute la Chine.

Au nord, on trouve dans le Chan-si une espèce d'anthracite dont on se sert beaucoup dans les fabriques et les fonderies de cette province. On envoie aussi de ce charbon en petites quantités à Tientsin et dans le sud.

Une particularité à mentionner, c'est la quantité insignifiante de charbon de terre que consomme le peuple en Chine. Dans leurs habitations au nord et au sud, les Chinois se servent rarement de feu, si ce n'est pour la préparation du thé et des aliments, et pour cela ils se contentent d'un petit fourneau portatif et d'un feu de charbon de bois. L'explication de cette consommation exiguë de houille gît dans le simple fait que, pour la majorité du peuple, cette espèce de combustible est complètement inconnue. En général le combustible brûlé presque exclusivement dans toute la Chine est le charbon de bois.

Avec les violents changements de température auxquels leur climat est particulièrement sujet, il est étrange que les Chinois n'aient pas adopté pour le chauffage de leurs maisons quelque procédé satisfaisant. Sous le ciel froid du nord ou le soleil brûlant du sud, ils bâtissent exactement sur le même plan et ignorent tout à fait l'usage des cheminées et des foyers. Quelques habitations, dans le Chang-toung et le Tchi-li, ont dans les principales chambres à coucher une étroite construction de brique dans l'intérieur de laquelle on brûle un peu de bois et dont la partie supérieure est occupée par le lit. Mais, règle générale, on se contente de se défendre du froid de l'hiver en portant des vêtements épais et en tenant les portes closes.

La province de Chan-si, qui fournit le meilleur charbon, fournit aussi le minerai de fer le plus pur. Les procédés communément employés par les Chinois pour la production de la fonte et du fer malléable, bien qu'imparfaits à certains égards, n'en prouvent pas moins un degré d'habileté considérable.

Les principaux objets fondus sont des urnes cinéraires, des brasiers, des vases à encens, des idoles pour les temples bouddhistes, de grandes casseroles, des cloches et une foule d'objets grotesques et compliqués pour les jardins ou les maisons. Il se fond aussi des canons de tout calibre au-dessous du calibre de quarante-deux, mais avec moins de correction et de fini qu'on ne devrait s'y attendre, considérant le temps qui s'est écoulé depuis l'époque où l'art de fondre des canons a été introduit dans l'empire.

Pour la fabrication des canons de fusil, les Chinois ont adopté dans ces derniers temps le fer en barre anglais, qu'ils trouvent bien plus malléable que le leur. Cette circonstance a fait augmenter considérablement l'importation du fer étranger. La fabrication du fer indigène ne donne pas lieu d'espérer toutefois que l'importation étrangère ira en augmentant ; pour toutes les industries ordinaires et les besoins de l'agriculture, le fer chinois est, en effet, suffisamment bon. L'habileté des ouvriers chinois fait que les outils leur coûtent peu de chose. La consommation totale du fer dans le pays est très-insignifiante, comparée à celle des nations de l'Europe. Les Chinois n'emploient le fer que là où il est absolument indispensable.

Comme importance relative, parmi les métaux précieux, l'argent, en raison de son usage général comme moyen d'échange, tient le premier rang. On le tire principalement de mines de la province d'Yun-nan, sur les frontières de la Cochinchine. Le gouvernement possède aussi, dit-on, des mines considérables dans le Chan-si et le Chan-toung, mais on n'a sur ces mines que des renseignements incomplets qui ne permettent pas d'établir le chiffre de l'extraction. A en juger toutefois par la quantité du métal employé dans l'empire et exporté, ces mines, aussi bien celles du nord que celles du sud, doivent être fort riches et exploitées sur une grande échelle. L'argent est amené sur les marchés en lingots de divers volumes. Ces lingots représentent certains poids déterminés en taels (1). Comme garantie de leur pureté, ils sont poinçonnés des noms des principaux entrepreneurs des mines et banquiers et aussi du nom du district de leur provenance et de l'année de leur fonte. Cet argent, désigné en chinois sous le nom de *saï-ci*, mot composé qui indique la finesse du titre, se vend au poids, et dans toutes les affaires importantes c'est lui qu'on emploie presque invariablement comme moyen

---

(1) Le tael est un poids chinois qui, en argent, représente environ 8 francs. Les lingots varient de 5 à 50 taels.

d'échange. Les indemnités des dernières guerres ont été payées sous cette forme ; c'est également en saï-ci que les sommes provenant de l'impôt sont envoyées aux trésors des provinces et au trésor impérial.

Dans les ports aujourd'hui ouverts au commerce, les monnaies en usage dans les transactions avec les étrangers sont les piastres espagnoles et mexicaines. Ces pièces toutefois, à mesure qu'elles changent de mains, finissent par perdre rapidement de leur valeur par suite de l'habitude qu'ont les Chinois de les poinçonner du nom de leur dernier possesseur ou de quelque autre marque destinée à prouver la pureté du métal. Avec le temps la pièce s'aplatit et perd de son poids. Quand les effigies espagnoles ou mexicaines sont effacées et que les pièces ne sont plus reconnaissables, on les brise et on les vend au poids aux changeurs, lesquels les refondent plus tard en lingots. Les piastres sont d'ailleurs presque entièrement inconnues des habitants des villes et des villages de l'intérieur, où la seule monnaie est de la monnaie de cuivre ou des morceaux d'argent pur évalués au poids.

L'or se tire de l'Yun-nan et du Chan-si, mais en quantité modérée. Dans la première de ces provinces et dans le Szu-tchouan les rivières roulent, en descendant les montagnes du Thibet, des grains d'or en assez grande abondance pour rémunérer le travail des orpailleurs qui habitent leurs rives. Le plus important de ces cours d'eau est le Kintcha-kiang, ou « rivière au sable d'or. » Le Kintcha, qui prend sa source sur le versant méridional de la chaîne du Thibet septentrional, est si riche en paillettes d'or, que le métier d'orpailleur absorbe la plus grande partie du travail dans l'Yun-nan et le Szu-tchouan. Le Kintcha, après avoir reçu plusieurs tributaires, change à la fois de nature et de nom, et devient, avant même de quitter cette province, la rivière si connue d'Yang-tzé.

L'or n'entre sous aucune forme dans la monnaie de l'empire ; il est surtout employé comme matière d'ornementation. Les temples les plus riches du bouddhisme renferment des statues et des figures grotesques en or indigène de la plus grande pureté, et l'on a trouvé un certain nombre de ces ornements faits de cet or au palais d'Yuen-min-yuen. La masse du peuple, surtout dans l'intérieur, ignore presque l'existence de ce métal. Toutefois les émigrants d'Australie et de Californie commencent à introduire du changement sous ce rapport, et de petits lingots de 50 à 75 millimètres de long, et contenant environ 95 pour 100 d'or pur, entrent maintenant, paraît-il, dans l'exportation des provinces du nord-ouest.

La seule monnaie courante universellement en usage et comprise de toutes les classes est la petite pièce ronde de cuivre appelée *tsien*. Une proportion considérable du cuivre récolté dans l'Yun-nan et le Kouang-si est consacrée à la fonte de cette monnaie. Les pièces portent le titre de la dynastie et le nom de l'empereur régnant. Elles passent théoriquement pour être de métal pur ; mais elles sont invariablement si altérées par l'admission de limaille de fer et de sable, qu'en réalité elles perdent un tiers de leur valeur nominale.

Les Chinois ont adopté le système décimal pour leur monnaie. Chaque pièce est percée à son centre d'un petit trou carré qui sert à les enfiler en chapelet. Dix pièces ainsi enfilées représentent un candarin ; dix candarins font une mace ou mès, et dix mès sont censées représenter un tael d'argent. Aujourd'hui cependant les tsiens ont subi une dépréciation telle, qu'on demande d'ordinaire quinze ou même seize mès pour le tael.

Après la fabrication de la monnaie, l'emploi le plus précieux du cuivre est la fabrication des gongs, des cloches, des vases et des objets d'ornement. On s'en sert aussi beaucoup pour ces urnes à trois pieds dans lesquelles on conserve la cendre des allumettes odorantes brûlées dans les pagodes et les temples.

Eu égard à l'énergie bien connue des Chinois, à leur aptitude industrielle et aux richesses minérales supposées de l'empire, les résultats que donne le travail des mines sont de beaucoup inférieurs à ce qu'on serait en droit de supposer. Ainsi l'on conçoit peu que le produit annuel des impôts de toutes les mines réunies n'aille guère qu'à 18 millions de francs.

La métallurgie avec ses diverses branches est peut-être l'industrie dans laquelle les Chinois ont le moins fait de progrès. Néanmoins ils ont, même sous ce rapport, plus de mérite qu'on ne leur en accorde généralement. Au fort de Takou et dans les autres forts des rives du Peï-ho, on a trouvé en batterie des canons de bronze parfaitement exécutés pesant en moyenne neuf à dix tonneaux. Ces pièces, d'un très-beau travail, n'avaient, quoique très-longues, aucune paille, et leur surface ne portait pas la plus petite irrégularité. Les projectiles des Chinois toutefois ne valent pas leurs canons, car ils n'ont pas encore réussi à fondre des boulets parfaitement sphériques. Il en résulte que leur tir à longue portée manque toujours de justesse.

A la fin de la dernière guerre avec les puissances occidentales, il était curieux d'observer avec quelle rapidité les ouvriers chinois du nord avaient profité des moyens d'étude que leur avait fournis le matériel des canonnières coulées dans le Peï-ho en 1859. Ils avaient imité avec une rare adresse les obus et la mitraille des « diables de l'Occident. » Les pièces de travail les plus remarquables néanmoins que la guerre ait produites c'étaient les gros pieux de fer qui, en 1860, barraient le passage aux canonnières. Ces pieux étaient non-seulement des modèles sous le rapport de l'exécution et de la solidité, mais ils répondaient parfaitement à l'objet pour lequel ils avaient été faits. A mesure qu'ils connaîtront mieux nos moyens de guerre, les Chinois amélioreront indubitablement leurs procédés actuels pour l'attaque et la défense,—la preuve c'est qu'ils ont adopté déjà nos navires cuirassés, — mais il est peu probable qu'ils atteignent jamais à une grande habileté militaire. Le génie de la nation est aussi peu guerrier que possible ; c'est dans les pacifiques opérations du commerce et de l'agriculture qu'il devra trouver toujours son plus grand développement.

II.

Dans la section du livre des rites qui traite des ordres de préséance, la place honorable assignée aux agriculteurs et aux travailleurs des champs est un remarquable exemple du haut degré d'importance que les gouvernements successifs ont attaché à l'agriculture. Après avoir classé la nation en quatre ordres principaux, savoir : les lettrés, les agriculteurs, les artisans et les marchands, le Tchéouli énumère les neuf rangs respectifs des classes ouvrières. La place d'honneur y est donnée aux « cultivateurs de ce grain qui soutient la vie de l'homme ; » viennent ensuite « les jardiniers, qui élèvent les plantes légumineuses et les arbres fruitiers. » Les sept autres catégories sont indiquées dans l'ordre suivant : les bûcherons, les bergers, les artisans, les boutiquiers et marchands, les femmes légitimes, les domestiques et, en dernier lieu, tous les individus sans professions déterminées qui louent leurs services.

Dans un pays exposé à des famines soudaines, à des inondations désastreuses et où la population vit presque exclusivement sur la production indigène, il est aisé de comprendre combien l'attention du gouvernement doit se porter sur l'agriculture. En Chine, cette attention est d'autant plus nécessaire, qu'une famine dans les provinces éloignées est presque invariablement suivie d'une révolte, et, à moins que la misère que cause l'insurrection locale ne soit promptement secourue par des envois de grains de la province voisine, par la remise des impôts ou tout autre remède immédiat, la désaffection se propage, aux insurgés viennent se joindre ces bandes sans frein de soldats congédiés, toujours prêtes à servir sous un chef qui leur offrira une chance de pillage, et le soulèvement prend des proportions immenses.

L'état relativement avancé de l'agriculture chinoise tient en grande partie aux lois qui règlent la propriété territoriale. Ces lois, bien que modifiées par l'extension de l'empire et l'accroissement de sa population, conservent encore beaucoup de traits qui rappellent que les Chinois étaient primitivement une race nomade habituée à se grouper par familles ou clans indépendants, chaque clan ayant son patriarche. Deux mille ans se sont écoulés depuis que les différentes parties de la Chine ont été, comme nous le voyons aujourd'hui, réunies sous un seul sceptre, et pendant cette période bien des insurrections, bien des révolutions dynastiques ont eu lieu. Mais heureusement, les lois fiscales et territoriales n'ont pour ainsi dire pas changé et la condition sociale des classes ouvrières n'a pas subi d'innovations impopulaires.

La nation, telle qu'elle est constituée de nos jours, consiste en un nombre de clans distincts possédant chacun un territoire plus ou moins grand, selon leur richesse et leur force respectives. Dans certains cas, la propriété ainsi possédée comprend plusieurs villages avec une étendue considérable de terre. Dans d'autres, la propriété se résume en un simple hameau entouré de quelques champs. Le nombre des individus appartenant à un clan varie de deux ou trois cents à plusieurs milliers, tous parents entre eux à un degré quelconque et portant le même surnom commun. La propriété est une espèce d'alleu soumis à un impôt annuel montant au dixième de la valeur du produit, le gouvernement se réservant le droit d'expulser tout propriétaire qui cesse de payer cet impôt et de donner sa terre à d'autres; à moins de circonstance extraordinaire, il est rare toutefois que ce droit soit appliqué. Le caractère patriarcal de toute l'administration chinoise se montre surtout dans toutes les questions relatives à la tenure de la terre. Les droits des propriétaires sont observés soigneusement et toute facilité leur est donnée pour conserver la possession de leur sol. Les magistrats de districts ont l'ordre le plus rigoureux de s'abstenir autant que possible de troubler les propriétaires qui vivent sur leur terre depuis deux générations ou plus, et sous aucun prétexte les nouveaux occupants ne peuvent remuer ou labourer le sol dans un certain rayon des tombeaux des familles de leurs prédécesseurs.

Comme il n'y a pas de loi de primogéniture, le domaine paternel revient aux fils, lesquels se le partagent par portions égales ou font tels arrangements qui leur conviennent. L'aîné des fils est responsable devant les magistrats de la bonne culture de sa terre, ce qui lui donne toujours une certaine influence sur ses frères. Les filles n'héritent dans aucun cas. La loi dénie strictement aux femmes le droit de succéder à quoi que ce soit, et les dispositions nécessaires pour assurer leur existence sont laissées entièrement à la discrétion de leurs parents du sexe masculin.

Pour tout ce qui regarde les actes de vente, la loi est des plus simples et ne met aucune difficulté dans les transferts ordinaires ; cependant une coutume, qui par sa pratique universelle a pris l'autorité d'une loi, défend au propriétaire de vendre sa terre à un individu n'appartenant pas à son clan. Les hypothèques sont régies par des règles très-strictes. Le droit du créancier hypothécaire n'est valide qu'autant que ce même créancier a pris possession de la terre, l'a cultivée et a acquitté les impôts. Toute assistance est également donnée au propriétaire primitif pour dégager sa propriété. En règle générale, quels que soient les changements résultant de condamnations criminelles ou du fait de la misère des gens, les villages avec les champs qui en dépendent sont occupés par leurs clans respectifs ou familles. Les membres de ces communautés s'assistent mutuellement, en cas de détresse ; par conséquent les détenteurs du sol sont attachés à leur propriété par les liens de l'intérêt et de l'affection.

Les cultivateurs des districts à riz produisent toujours deux bonnes récoltes, et il n'est pas rare que sur le bord des rivières ils en recueillent cinq en deux ans, résultat immense quand on songe que de la récolte régulière et en quantité suffisante du riz dépend le bien-être de la population tout entière.

On se fera une idée de l'énorme quantité de riz consommée en Chine quand on songera que ce grain est la principale nourriture de tout l'empire, et que son transport au nord et à l'ouest est de beaucoup le plus important élément du commerce des jonques indigènes. La mise à exécution de la loi qui veut que le dixième de la production du riz soit envoyé comme impôt en nature aux greniers impériaux de Pékin, exige seule un mouvement considérable dans les transports par canaux, ainsi que le démontre suffisamment le nombre de jonques pesamment chargées qui tous les ans se dirigent vers le nord avec le grain impérial. Outre ces convois obligés, les besoins de la consommation, surtout en temps de disette, font que les fermiers du sud expédient dans ces districts, comme spéculation, des cargaisons énormes, dont ils tirent des prix exorbitants. Ce transport se fait principalement aujourd'hui par steamers.

Le gouvernement apporte une attention scrupuleuse à tout ce qui regarde la culture et l'embarquement du riz ; il a grand soin de veiller à ce que toutes les voies de communication soient libres (1) et que rien n'arrête l'embarquement et l'emmagasinage du grain. La portion réservée aux greniers des capitales

---

(1) Ce qui n'empêche que cependant il ait laissé le Grand Canal se détériorer misérablement dans ces dernières années.

provinciales a pour but de parer à tout besoin local exceptionnel et de fournir des aliments aux pauvres et aux aveugles ; elle sert aussi, en cas d'urgence, à venir en aide aux provinces adjacentes qui pourraient souffrir de la famine.

La récolte du riz est, dans le fait, la plus pressante question dont l'empereur et son administration aient à s'occuper, car de l'abondance ou de la disette de ce grain dépend non-seulement le bien-être du peuple, mais aussi en grande partie l'existence du gouvernement. En Chine, tout cède à l'impérieuse nécessité de nourrir une population surabondante. Aussi il n'est pas de branche de l'agriculture plus surveillée que celle qui concerne le riz ou le blé (1). Après ces grains précieux, les cultures auxquelles on s'applique le plus sont celles du coton et du thé et aussi du mûrier.

Le coton se cultive dans toutes les provinces du centre, mais principalement dans le Tche-kiang et le Kiang-sou. Il y en a de deux espèces, le blanc et le jaune. C'est avec ce dernier qu'on fait cette solide et durable étoffe que les étrangers ont appelée *nankin* ; c'est aussi avec ce coton teint en bleu qu'on tisse les vêtements ordinaires des classes ouvrières. Au dire des historiens indigènes, le coton n'aurait été cultivé en Chine qu'au treizième siècle ; bien qu'il entrât dans l'empire sous forme de tribut, les Chinois n'auraient commencé à cultiver la plante et à en fabriquer des étoffes qu'à la fin de la dynastie Sung, an 1281 de l'ère chrétienne.

Chaque habitation des districts cotonniers est pourvue de tous les appareils nécessaires à la conversion

---

(1) C'est surtout dans la partie nord-est de la Plaine que le blé se cultive.

du coton brut en étoffe ; il n'y a peut-être que la Chine où les fermiers s'habillent directement avec le produit de leurs champs. La récolte faite, toute la famille, surtout les femmes et les jeunes filles, s'occupe à carder, à filer et à tisser. En faisant ainsi ses propres vêtements, le cultivateur peut employer utilement et économiquement tout son monde d'un bout de l'année à l'autre. Pendant la saison d'octobre à avril, les hommes et les garçons labourent, amendent et préparent la terre pour une nouvelle récolte, ou bien, comme c'est très-souvent le cas, ils sèment une récolte intermédiaire de blé ou autre grain alimentaire ; pendant la même période, les femmes travaillent activement au logis à leurs rouets, et fabriquent non-seulement assez d'étoffe pour la famille, mais encore un surplus qui s'en ira au loin se vendre dans les provinces privées de coton.

Le même système de petites fermes et d'exploitation individuelle que nous venons de voir appliqué à la culture du coton, se poursuit également dans les districts à thé. Chaque propriétaire cultive, sur son petit versant de colline, quelques pieds de thé dont il récolte les feuilles pour les besoins de sa maison ou pour vendre à ses voisins. Les marchands de thé qui fournissent les marchés indigènes et l'exportation, ont ordinairement des agents locaux qui vont dans les villages et dans les fermes acheter le surplus du produit de chaque propriétaire.

L'arbuste à thé n'a été, paraît-il, connu en Chine qu'au quatrième siècle, et le thé n'est devenu d'un usage général dans le pays qu'au commencement du neuvième, alors que le gouvernement recommanda l'infusion de la feuille dans l'eau bouillante comme moyen de prévenir les nombreuses maladies nées de la détestable qualité de l'eau qu'on buvait habituellement. Depuis cette époque jusqu'au temps actuel, le thé (si l'on en excepte l'usage accidentel de l'esprit distillé du riz) est le seul breuvage qui se boive dans tout l'empire. Et cette consommation exclusive du thé a pris un développement tel, que l'eau froide ordinaire est un liquide pour lequel tout Chinois bien élevé professe la plus extrême répugnance.

Le thé se cultive sur une échelle plus ou moins grande dans toutes les provinces du centre et de l'est ; mais les principaux districts à thé sont situés dans les provinces maritimes de Fou-kian, de Tche-kiang et du Kiang-sou et sur les coteaux occidentaux du Kouang-toung.

On sème les graines, au commencement du printemps, sur des plates-bandes où on les laisse neuf ou dix mois, jusqu'à ce que l'arbrisseau ait atteint à peu près trente centimètres de hauteur. On les transplante alors en les disposant en rangées espacées d'un mètre à un mètre trente centimètres. Il arrive parfois qu'on enterre tout de suite la graine suivant les distances voulues, et qu'on laisse l'arbrisseau pousser sans lui faire subir de transplantations : mais c'est le cas le moins fréquent.

L'arbrisseau produit de jeunes feuilles bonnes à récolter au bout de deux ou trois ans. Il arrive à son entier développement à l'âge de six ou sept ans, et si l'on en a soin, il continue à donner des feuilles durant dix ou quinze ans. A cet âge on l'arrache et on le remplace par un nouveau plant.

Il y a en général quatre récoltes ou cueillettes distinctes. La première se fait en avril alors que les feuilles sont rares et jeunes, c'est le thé le plus fin. La seconde et, eu égard à la quantité, la principale, a lieu en mai. Une autre récolte moins abondante se fait en juillet et la dernière en août ; les feuilles sont alors larges et dures, la récolte est considérée comme très-inférieure, elle se vend aux classes les plus pauvres. Les premières conditions pour la bonne culture du thé sont un bon drainage, une humidité modérée et un sol sablonneux contenant une bonne proportion de terreau. Ces conditions se rencontrent surtout sur le versant des collines, et quoiqu'il ne soit pas rare de voir le thé cultivé sur des plateaux élevés, les agriculteurs préfèrent toujours les terrains en pente douce ; aussi le pays onduleux des provinces sud-orientales passe-t-il pour le meilleur pour la culture du thé.

On estime qu'il faut en moyenne mille mètres carrés de terrain pour trois ou quatre cents pieds de thé, et que le rendement annuel de chaque plante est d'environ 170 grammes. Dans certaines plantations bien situées, le rendement annuel est double ou triple de ce poids ; mais la récolte de 170 grammes est la moyenne ordinaire.

Pendant la saison du thé, la cueillette des feuilles est faite en grande partie par les femmes et les enfants des fermes. Mais quand on prend des journaliers pour ce travail, on estime que chacun d'eux cueille de 5 à 6 kilogrammes de feuilles par jour. On leur donne comme salaire une petite quantité de riz et une ligature de monnaie valant environ 30 centimes.

Quand on songe au temps dépensé et aux manipulations nombreuses qu'exige la feuille avant de pouvoir être livrée à la consommation, on est étonné que les marchands des provinces du sud puissent vendre de très-bon thé congou à leurs pratiques au prix de 75 centimes le kilogramme ; c'est là une nouvelle preuve du bon marché du travail et de l'économie du transit.

Le prix que les agents payent le thé aux cultivateurs varie suivant la nature du thé. Le plus beau va jusqu'à 90 centimes et même 1 franc 10 centimes le kilogramme, et comme les frais sont les mêmes que pour les thés inférieurs, les thés de choix donnent beaucoup plus de profit aux exportateurs.

L'exportation annuelle du thé de Chine en Angleterre est aujourd'hui d'environ 49 millions de kilogrammes, dont 36 millions passent dans la consommation nationale ; le reste est réexporté sur le continent européen (1).

La Chine, évidemment, doit tirer un grand bénéfice de cet article de commerce d'exportation, non-seulement par les droits de douane qu'elle prélève, mais aussi par le nombre de ses sujets qui y trouvent de l'occupation. Parmi ceux-ci on peut citer les charpentiers, les plombiers et les peintres qui préparent les boîtes, les porteurs et les mariniers qui les transportent, et les nombreux ouvriers, hommes, femmes et enfants, qui sont employés à la récolte, au séchage et au triage des feuilles. Il est bon de rappeler toutefois que le thé exporté n'est qu'une fraction détachée de la consommation indigène, et que si gros que soit le chiffre de l'exportation, il n'en résulte aucune espèce de disette dans le pays.

Le thé tient en Chine une position analogue à celle du riz. Si celui-ci est la base de la nourriture natio-

---

(1) L'exportation *directe* du thé pour l'Europe continentale ne va guère à plus de deux cargaisons, ou environ 453,000 kilogrammes, annuellement.

nale, l'autre est le breuvage indispensable de la nation tout entière. L'étranger qui parcourt les villes populeuses ou les districts agricoles est sûr de trouver, dans toutes les maisons et à toute heure du jour, depuis le lever du soleil jusqu'à son coucher, une tasse de thé à sa disposition, ou sur les routes ou au bord des canaux il lui arrivera souvent de rencontrer des maisons spéciales, œuvres de la bienfaisance privée, où lui et ses coolies pourront étancher leur soif sans rien avoir à débourser.

On boit du thé à tous les repas et à de fréquents intervalles de la journée, dans les réunions de famille ou les assemblées de village, aux cérémonies locales et aux solennités officielles. Pour être plus sûr de sa fraîcheur et de sa pureté, on le prend en petites doses très-faibles et sans lait ni sucre. Avec les tiges et débris de la plante on fait de petites tablettes carrées qui sont envoyées en Mongolie et en Mandchourie, où elles font partie intégrante de la nourriture des Tartares nomades et des coolies qui habitent le voisinage des stations commerciales de l'Amour.

Il n'existe pas de données sur lesquelles on puisse établir le nombre de kilogrammes de thé consommé dans l'empire chinois, mais on ne saurait évaluer approximativement cette consommation à moins de cinq cent millions de kilogrammes.

La production chinoise de la soie ne saurait lutter, sous le rapport de la qualité, avec la production française et la production italienne, mais l'abondance de cette production, en Chine, fera toujours de la soie un commerce excessivement important pour le pays.

Les meilleurs districts séricoles appartiennent à cette partie de la Grande-Plaine sur laquelle empiètent les quatre provinces de Hou-pé, de Tche-Kiang, de Kiang-sou et de Ngan-houi, provinces abondamment pourvues de lacs et de rivières, et dans lesquelles se trouvent les grands marchés de soie de Sou-tchéou et de Hou-tchéou, ainsi que les ports de Changhaï et de Ningpo.

Chaque agriculteur fait lui-même sa soie. Chacun cultive ses arbres, élève ses vers et, aidé de sa maison, prépare pour la vente ses paquets de soie brute : les grandes cultures de mûrier ou les magnaneries spéciales sont inconnues. Pendant la saison les villes de marché sont encombrées de fermiers qui viennent avec leurs femmes vendre leur soie aux marchands en gros.

L'exportation de la soie en Europe a été très-soutenue dans ces dernières années. La Chine aura toujours une grande place dans le commerce de la soie, parce qu'elle peut produire beaucoup en peu de temps et à des prix modérés. La fertilité de la Plaine, l'énergie des cultivateurs, le bon marché et l'abondance du travail rendront toujours la concurrence impossible pour les autres pays.

Quand les étrangers se sont mis à étudier les ressources de l'empire chinois, la nature des exportations du pays leur a donné des idées fausses en ce qui concerne le thé et la soie, et il en est résulté que l'on considère trop souvent la Chine comme un pays exclusivement voué à l'exportation de la soie et du thé ou à l'importation de l'opium et du coton. Il ne faut pas oublier cependant que ce genre de commerce n'a sur la condition générale de l'empire qu'une influence très-secondaire ; il n'intéresse que la minorité de la population, et la plus grande partie du sol cultivé est affectée à la production des denrées de première nécessité.

Les agriculteurs, dans leur désir de développer la fécondité de leur terre à ce dernier point de vue, ont cru devoir concentrer leur attention sur la culture du grain et des racines légumineuses, sans s'occuper en rien des pâturages, sans réserver le moindre coin pour l'ensemencement de prairies quelconques. Les porcs et la volaille composent la nourriture animale des neuf dixièmes des Chinois. Les porcs et les poules sont nourris avec les rebuts de la ferme ou de la maison, et les canards sont conduits de champ en champ ou débarqués sur les bords des rivières et des canaux, où ils s'arrangent pour trouver eux-mêmes leur nourriture. Le poisson entre aussi pour beaucoup dans l'alimentation. Les baies et les rivières sont excessivement poissonneuses. Les Chinois ont pour la pêche des procédés fort ingénieux. Le gros bétail est rare ; celui qu'on élève dans le voisinage des ports ouverts par les traités est surtout destiné à fournir aux besoins des résidents étrangers et aux provisions de la marine. Dans les districts à riz, le buffle est invariablement employé au labourage ; sa force physique et ses habitudes de vie le rendent éminemment propre à cet usage.

Sur tous les points relatifs à la culture, les Chinois sont des hommes très-pratiques et sachant calculer. Avec eux rien ne se perd, et pour l'amendement du sol et le choix du grain tout est subordonné au rendement le plus abondant et au profit le plus net.

C'est dans les diverses conditions de la vie agricole que ce peuple se montre à son plus grand avantage. Economes et industrieux par nature ; hommes de mœurs sociables et patriarcales par le caractère de leurs institutions, les fermiers et les paysans présentent uniformément le spectacle d'une race satisfaite, douce et hospitalière. Habitués de bonne heure à respecter l'autorité paternelle, les jeunes gens et les enfants sont simples et soumis, et l'harmonie la plus complète règne dans la famille.

III.

Une chose qui frappe tout d'abord, quand on considère la nature et l'importance du trafic intérieur de l'empire, c'est la multiplication des moyens de communication par eau, et leur emploi exclusif pour tous les transports. La Chine a le bonheur de posséder une étendue considérable de côtes contenant de bons ports et des baies bien abritées, le tout peuplé d'une race de marins habiles et énergiques. Cette côte est reliée à l'intérieur par un grand nombre de rivières larges et navigables que les jonques peuvent remonter en sûreté pendant des centaines de milles, et qui communiquent entre elles par un réseau de cours d'eau tributaires et de canaux qui n'a son pareil nulle part.

Les cours d'eau les plus importants sont le Yang-tsé, avec son tributaire le Han; le Min, sur les bords duquel est située la ville de Fou-tchao; le Peï, qui unit à la mer Tientsin et le commerce de Pékin; le Yung, avec son port de Ning-po, et enfin les rivières de l'ouest, du nord et de l'est, dont les eaux se mêlent près de Canton et de là se déchargent dans la mer auprès de Macao et de Hong-kong. Le Hoang-ho ou fleuve Jaune n'est pas seulement inutile pour le service du commerce, mais il exerce une désastreuse influence sur la fortune des populations qui habitent sur ses rives. La rapidité de ses eaux, ses débordements ruineux et les dépenses que les réparations de ses digues entraînent annuellement lui ont valu le nom bien mérité de *Calamité des fils de Hona*. La rupture, il y a quelques années, d'une portion de l'endiguement septentrional a changé la direction des eaux ; aujourd'hui le fleuve ne se jette plus dans la mer Jaune, mais dans le golfe de Petchili. Ce changement de lit a fait un tort considérable au pays d'alentour et a singulièrement diminué l'utilité du Grand Canal, que d'ailleurs, comme nous l'avons dit plus haut, on a laissé se détériorer.

Le Yang-tsé, ou fleuve Bleu, diffère totalement de son rival le Hoang-ho, en ce qu'il est pour les Chinois une source de prospérité. De sa source dans les montagnes du Thibet jusqu'au centre du Szu-tchouan, le Yang-tsé porte le nom de Kintcha ou Rivière aux sables d'or ; à partir de là, il prend jusqu'à la mer son nom de Yang-tsé ou Fils de l'Océan. De la source à l'embouchure la distance en ligne droite est de 2,960 kilomètres et la longueur totale du cours est évaluée à 4,640 kilomètres. Dans ce long développement il se grossit des eaux des lacs de Tung-ting et de Poyang, et il reçoit un grand nombre de tributaires, dont le principal est le Han, la grande artère commerciale qui relie les provinces du nord à celles du sud et qui possède sur ses bords, à son confluent avec le Yang-tsé, le marché bien connu de Hankao. De Hankao à la mer, le Yang-tsé coule à pleins bords à travers les provinces fertiles de la Plaine et, après avoir passé successivement Kiou-kiag, Nankin et Tchin-kiang, il reçoit les eaux du Ouonsung, que sillonnent les navires étrangers de Changhaï, et de là se jette dans la mer de Chine dont il colore les eaux à plus de 160 kilomètres de son embouchure.

Eu égard à l'étendue du bassin qu'il arrose, le Yang-tsé peut se comparer en grandeur à l'Amazone, au Gange et au Mississipi ; mais ces fleuves lui sont très-inférieurs au point de vue de la navigabilité. Les premiers rapides du Yang-tsé-kiang se rencontrent à quelques kilomètres au-dessus de la ville de second ordre appelée I-tchang, située à l'entrée de la région montagneuse du Szu-tchouan et distante de la côte, par la voie fluviale, de plus de 1800 kilomètres. De la mer à ce point, le fleuve, par les plus basses eaux, n'a pas moins de 5 mètres et demi de minimum de profondeur.

Les fleuves qui viennent ensuite par ordre d'importance sont le Si-kiang au sud, et le Peï-ho au nord. Ce dernier est navigable pour petits bâtiments jusqu'à Tientsin, mais il a le double désavantage d'être gelé entre novembre et mars et d'avoir, à son embouchure, une barre qui, par les plus hautes eaux, ne présente pas un passage de plus de quatre mètres de profondeur. Le Si-kiang ou fleuve occidental, a été exploré récemment par des ingénieurs anglais et trouvé navigable, pour les bâtiments de moins de cinq mètres de tirant d'eau, jusqu'à 160 kilomètres environ de son embouchure ; les petits steamers d'un faible tirant peuvent pénétrer par cette voie jusque dans la province de Kouang-si. Dans le cas où la communication par terre entre Rangoun et Canton serait adoptée quelque jour, le Si-Kiang deviendrait d'une utilité considérable. Aujourd'hui son commerce est singulièrement entravé par les bandes d'insurgés qui infestent le pays environnant et pillent ou détruisent tout ce qui leur tombe sous la main.

Le Si-kiang diffère des autres rivières de la Chine par la clarté et la pureté de ses eaux ; les maladies de peau sont ignorées de la population qui habite ses bords. Une grande partie du territoire qu'il arrose est affectée à la culture de la canne à sucre, et le fleuve sert principalement au transport de ce produit sur le marché de Canton et au flottage des radeaux de bois de charpente des forêts du Kouang-si.

Quant aux rivières Min et Yung, qui unissent à la mer le Fou-tcheou et Ning-po, leur importance en ce qui concerne les intérêts étrangers diminuera à mesure que de nouveaux ports seront ouverts au commerce extérieur et qu'on pourra profiter de routes plus avantageuses. Mais ces cours d'eau seront toujours très-utiles au commerce indigène et ne cesseront pas de contribuer singulièrement à la remarquable fertilité et à la beauté pittoresque des districts qu'ils arrosent.

L'absence de relevés officiels ne permet de juger du commerce indigène de la côte et de l'intérieur que par le nombre des jonques qu'on voit charger et décharger leurs cargaisons. Ce nombre est suffisamment grand pour laisser supposer que le trafic sur les rivières et dans les ports de la côte est plus considérable qu'on ne semblerait devoir le croire tout d'abord. Si le tonnage total des jonques employées aujourd'hui sur les mers, les lacs et les rivières de la Chine, pouvait être évalué avec exactitude, il est probable qu'on obtiendrait un chiffre égal, sinon même supérieur à celui de la marine marchande combinée de l'Europe.

Dans leur commerce d'importation et d'exportation

par jonques, les Chinois se bornent au Siam, au Japon, à la Cochinchine et aux îles adjacentes de l'archipel malais. Les cargaisons destinées à l'étranger consistent principalement en soie, cotonnades, thé, métaux et porcelaine commune. Des émigrants s'embarquent aussi en grand nombre des provinces encombrées du littoral pour Singapore, Manille et autres ports. Pour le retour, les jonques prennent du grain, du poivre, des noix de bétel, des rotins, des nids d'hirondelle, etc.

Dans ces dernières années, beaucoup de ce commerce s'est fait par navires étrangers, et il est probable qu'il en sera ainsi tant que les Chinois persisteront dans leurs modèles actuels de bâtiments. Leurs jonques résistent mal aux grosses mers, et les pilotes sont forcés de se tenir autant que possible en vue de la terre. Les voyages sont par conséquent lents, et le bon marché du fret ou du passage a peine à compenser la perte de temps.

Le principal danger que courent les propriétaires de cargaisons sont ceux qui résultent de la fréquence des cas de piraterie. Pour se défendre contre les pirates, les grandes jonques qui sortent des ports du sud ou qui s'y rendent sont armées de quelques pièces de canon de petit calibre, et les équipages sont pourvus de sabres, de piques et de boucliers. Les bâtiments ainsi armés et qui naviguent de concert avec d'autres sont rarement attaqués. Quand ils se dirigent au nord, une fois qu'ils ont dépassé la latitude de l'île Tchusan, ils n'ont plus rien à craindre ; la piraterie est presque inconnue sur les côtes septentrionales.

Les chargements se composent ordinairement de

thé, de sucre, de soie, de coton, de nattes, d'huile, de sel, de racines, de poisson et de grain. On embarque aussi du riz en quantité considérable, la difficulté du transit par le Grand Canal ayant forcé les autorités chinoises à autoriser le transport par mer. Les rivières et les canaux font en Chine l'office de nos grandes routes d'Europe. Le commerce de ce genre de navigation est donc extrêmement varié, obligé qu'il est de satisfaire à tous les besoins de l'intérieur de l'empire. On s'imagine facilement ce qu'il doit être pour une population de près de 400 millions d'habitants ayant au suprême degré le goût du négoce dans ses plus petits détails. Quant aux nombre des jonques et autres embarcations fluviales qu'il nécessite, il est énorme, et le tonnage général s'élève à un chiffre fabuleux. Sept mille jonques viennent annuellement jeter l'ancre devant Changhaï. Hankao en voit arriver au moins quatre fois autant, et les navires qui sillonnent incessamment les eaux de Canton et des provinces maritimes du sud sont, pour ainsi dire, incalculables.

IV.

Les manufacturiers d'Europe se sont toujours étonnés que le commerce d'exportation pour la Chine n'ait pas augmenté autant qu'on aurait dû l'attendre des dispositions commerciales des habitants du Céleste Empire. Jugeant d'après l'importance du commerce de l'Inde, les Anglais supposaient qu'avec des facilités égales, les avantages du commerce de la Chine seraient proportionnellement plus grands. Cette déduction naturelle était erronnée, et l'erreur est venue, non pas d'une appréciation exagérée des ressources de l'empire chinois, mais d'une notion fausse du caractère et des besoins du peuple. Avant la première guerre des Anglais avec la Chine, le commerce d'exportation de l'Angleterre se bornait exclusivement à Canton et au voisinage immédiat de cette ville, et les marchands en expliquaient l'état de stagnation par l'absence de moyens convenables de fournir aux Chinois les articles qu'on les supposait avides de se procurer. A cette époque, les étrangers étaient traités par les fonctionnaires indigènes avec une intolérable arrogance ; des mesures vexatoires entravaient partout les rapports commerciaux, et, dans le fait, l'état général des relations commerciales et politiques entre la Grande-Bretagne et la Chine était aussi peu satisfaisant que possible. Les discussions nées du commerce de l'opium hâtèrent la crise, et le gouvernement britannique comprit que la guerre était nécessaire pour ouvrir le pays et placer le commerce anglais sur un pied équitable.

La guerre se fit. Il en résulta que les Anglais obtinrent la permission de commercer librement dans cinq ports importants, et qu'une île leur fut cédée, sur laquelle ils établirent une force militaire imposante et installèrent des dépôts pour les besoins de la marine et du commerce. C'est alors que les manufacturiers de Manchester crurent le moment venu d'inonder la Chine de leurs articles, avec l'espoir d'en retirer un ample profit. Le résultat amena un complet désappointement. Pendant les deux années qui suivirent la signature du traité, la nouveauté des articles anglais créa des demandes exceptionnelles, mais après 1845, la curiosité des Chinois se blasa, et, en 1852, année remarquable par le caractère paisible et étendu de la concurrence commerciale, le total de l'exportation britannique en Chine était considérablement descendu.

Comment l'Inde, avec le quart à peine de la population de la Chine, consommait-elle quatre fois plus de produits anglais que le Céleste Empire? La cause de cette anomalie, en apparence inexplicable, fut attribuée à l'absence de ports libres en quantité suffisante et aux restrictions du gouvernement chinois. On demanda alors que le Yang-tsé-kiang et les marchés de l'intérieur fussent ouverts au commerce, que des agents britanniques reçussent l'autorisation de voyager dans toutes les parties du pays, qu'un représentant du gouvernement de la reine résidât à Pékin, et qu'un traité étendu et équitable fût ratifié et mis à exécution. Ces propositions exigèrent une autre guerre; la saisie de la lorcha l'*Arrow*, en 1856, en fournit le prétexte, et le traité qui mit fin aux hostilités parut remplir toutes les conditions désirables.

La rapide extension de leurs relations générales avec la Chine compensa, pour les Anglais, les frais et les inconvénients de la guerre; mais le résultat, quant aux exportations, n'a pas donné tout ce qu'on en attendait. Les Chinois ne se sont pas montrés très-empressés d'acheter, et la disproportion entre la consommation indienne et la consommation chinoise, quoique moindre que dans les années précédentes, est encore très-notable.

Le peuple chinois est très-prompt à comprendre ses intérêts, et quoique ayant sa bonne part des vices particuliers aux autres Asiatiques, il n'a pas son égal sous le rapport de l'énergie et de l'amour de l'accumulation. Le remarquable degré auquel il possède ces qualités ne s'observe pas seulement chez les individus vivant en Chine, mais chez ceux qui émigrent. Dans tout l'archipel malais, le caractère laborieux de ce peuple lui a valu une influence prépondérante.

Les commerçants anglais, à la fin de la première guerre, vinrent se heurter quelque peu douloureusement contre ces qualités de la race chinoise. Les habitants du Céleste Empire ne demandaient pas mieux que d'échanger leur thé et leur soie contre les piastres espagnoles ; mais ils étaient infiniment moins disposés à laisser les produits étrangers étouffer les leurs, et en conséquence le commerce de l'Angleterre avec la Chine tomba beaucoup au-dessous des évaluations les plus modérées.

Le commerce anglais avec la Chine est pour ainsi dire borné à l'exportation des cotonnades et à l'importation du thé et de la soie. Le progrès de ce commerce dépend donc des demandes de cotonnades, demandes qui n'ont jamais été très-pressantes, et qui, sous l'empire des circonstances actuelles, ne paraissent pas devoir s'accroître en proportion des espérances des exportateurs.

Dans toutes les transactions avec les habitants de la Chine, il faut bien se mettre en tête qu'ils sont la nation la plus laborieuse et la plus ménagère du globe ; qu'ils mettent à tous leurs travaux toute l'énergie dont ils sont capables ; qu'ils sont gais, matérialistes, peu démonstratifs, ardents au travail, se contentant de peu, et complètement indifférents à tout ce qui peut arriver en dehors du voisinage immédiat du coin de terre où le sort les a fait naître. Ils ne demandent pas mieux que de vendre aux étrangers autant de thé, de soie ou autre produit indigène, que ceux-ci leur en voudront acheter, mais ils sont beaucoup moins pressés de se dépouiller de leur argent ou des articles de leur fabrication en échange d'importations étrangères ; il est même probable qu'ils ne regretteraient pas beaucoup qu'on cessât d'importer chez eux quoi que ce fût. Pour le moment actuel, ils achètent volontiers, en quantités modérées, des cotonnades, de la quincaillerie, des lainages et du fer forgé ; mais les seuls articles dont ils se soucient réellement, et qu'ils se montrent quelque peu désireux d'avoir, ce sont les munitions de guerre et l'opium.

Il s'exporte annuellement de l'Inde anglaise pour 9 millions sterling (225 millions de francs) d'opium, et les droits sur l'exportation de cet article montent à près de 5 millions. Il ressort de là que l'introduction illégale de l'opium en Chine a rendu et rend encore d'importants services aux Anglais, en ce qu'elle augmente les ressources du trésor de l'Inde et qu'elle restreint la sortie de l'argent. Mais si le commerce de l'opium est utile aux producteurs, on ne peut pas dire qu'il le soit aux consommateurs. Il a non-seulement amené la dégradation et la ruine d'une partie des populations qui habitent le voisinage des ports libres, mais il a encouragé la mauvaise foi la plus flagrante chez les fonctionnaires chinois, en les poussant à sacrifier leurs devoirs à l'appât du gain. Il en est résulté un vaste système de fraude éhontée qui, tout en créant des troubles politiques sérieux, a aussi discrédité les nations occidentales dans l'esprit des Chinois sensés.

Cette nécessité de la fraude ou de la contrebande n'existe plus aujourd'hui ; depuis le traité de Tientsin (1858), le commerce de l'opium, sans être absolument reconnu légalement, se fait ouvertement et avec le consentement tacite des autorités. La prohibition rigoureuse, par le gouvernement chinois, de l'importation de l'opium, est venue en grande partie de la crainte où l'on était en Chine de voir l'argent de l'empire disparaître de la circulation, et pendant nombre d'années cette opinion a été corroborée par les dépêches des trésoriers provinciaux. Toutefois cette objection a fini par perdre de sa valeur ; il est probable qu'aujourd'hui le gouvernement se trouve satisfait de l'équilibre de la circulation monétaire. Il faut se rappeler aussi que le pavot se cultive sur une grande échelle dans le Szu-tchouan et les provinces du nord-ouest, et que l'opium indigène arrive maintenant en grande quantité et à bas prix sur les marchés de l'intérieur. A Hankao, on a refusé l'opium indien, et les importateurs ne comptent plus désormais, pour l'écoulement de leurs cargaisons, que sur les provinces du littoral.

La condition générale des rapports commerciaux étrangers est évidemment en progrès et il continuera d'en être ainsi à mesure que s'augmentera le nombre des résidents européens, que s'introduiront les inventions modernes et que les méthodes européennes de locomotion et de transit seront petit à petit adoptées. Ce progrès toutefois, quoique certain, sera lent, parce qu'il se passera encore bien des années avant que l'empire soit délivré de ses violentes agitations politiques. Et puis, en admettant même que le gouvernement chinois se montre disposé à favoriser le commerce, il ne faut pas s'attendre à le voir adopter une ligne de conduite bien tranchée ; il sera toujours hésitant et irrésolu, qu'il obéisse aux partis de Pékin ou à l'opinion publique incertaine des provinces.

Dans tous les cas, l'adoption et l'exécution fidèle de traités de commerce conclus sur des bases libérales doivent nécessairement éprouver des difficultés et des lenteurs. Il y a en présence des intérêts contraires également importants et des antagonismes naturels qu'il s'agit de vaincre, et, de plus, une politique hostile traditionnelle qu'il ne faut pas oublier. Bien des années s'écouleront avant que le Chinois qui n'a pas quitté son pays puisse apprécier complètement les avantages résultant de l'introduction des arts et des réformes de l'Occident, ou voir sans défiance l'étranger, qu'il traite de barbare, traverser impunément son territoire.

Néanmoins la position des résidents étrangers est en général satisfaisante, et leurs transactions avec les marchands indigènes sont basées sur les principes d'une confiance mutuelle. Il est fort regrettable toutefois que la bonne intelligence entre les Européens et les Chinois soit continuellement mise en danger par cette détestable classe d'aventuriers sans foi ni loi qui infestent en nombre chaque jour croissant les ports ouverts au commerce et qui par leur conduite déshonorent le caractère des nations auxquelles il leur plaît de se targuer d'appartenir.

V.

Ceux qui n'ont étudié que superficiellement la constitution de l'empire chinois ont pu être amenés à croire que l'empereur possédait un pouvoir immense et que sous son gouvernement autocratique le peuple était privé de toute liberté réelle. Cette opinion, qui a été mise en avant plus d'une fois, rendrait impossible toute saine intelligence de la condition de la nation. Tout empereur chinois qui veut gouverner bien et rester sur le trône est tellement lié par les précédents, tellement tenu par les vieilles lois et les vieilles coutumes, tellement soumis à des avis venus de toute part, qu'en pratique il est nécessairement un monarque tout à fait constitutionnel. Le peuple aussi, principalement dans les provinces du centre et du sud, est habitué à exercer une somme remarquable de liberté personnelle de langage et d'action, et, grâce au système particulier d'administration du pays et à la nature directe de l'impôt, c'est à peine s'il a conscience du poids de l'autorité des magistrats.

Il existe en Chine une part considérable de *self-government* local qu'il est impossible, à quiconque visite le pays, de ne pas constater, et qui est un problème insoluble pour ceux qui persistent à voir dans le gouvernement un despotisme et dans les gouvernés des esclaves. Ce trait caractéristique est surtout visible dans les districts agricoles. Les habitants des villages élisent un certain nombre des leurs pour remplir les devoirs importants d'anciens ; les individus ainsi élus sont ordinairement propriétaires de terres ou de maisons, pères de famille, et possèdent quelque instruction. Chaque fois que les questions d'intérêt local ont besoin d'être discutées, les anciens se réunissent dans les salles *ad hoc* et donnent leurs décisions sur les projets que leur soumettent les autres villageois. Les sujets sur lesquels ils ont à se prononcer sont très-divers et comprennent les querelles de famille, les fêtes, les plans pour la construction de temples ou de canaux, l'organisation de la police et la répression des délits. En cas d'émeutes ou de sérieuses infractions aux lois pénales, ce sont eux qui font les rapports au magistrat du district, et ce fonctionnaire ou inflige la peine édictée par la loi ou envoie le rapport par qui de droit à ses supérieurs de la province.

Ce système de *self-government* fonctionne admirablement dans tous les hameaux ou les villages voisins d'une ville possédant une garnison sédentaire ; mais il y a des cas où il donne lieu à de graves oppositions et où il est une source continuelle d'anarchie et de désordre. Nous avons déjà dit que les habitants de chaque village sont tous membres d'une nombreuse famille ou clan. Quand un clan de cette espèce se compose de peu d'individus, ou qu'il est à la portée d'une force militaire suffisante pour le contenir au besoin, son organisation a le double avantage de soutenir l'autorité du gouvernement et de développer le bien-être des classes ouvrières. Mais il arrive parfois qu'un clan se compose de deux ou trois mille individus et qu'il est voisin immédiat d'un autre clan de force égale et implacable ennemi du premier. Ces exemples sont surtout communs dans les provinces turbulentes du sud. Alors les anciens, au lieu de se réunir pour discuter les pacifiques affaires de leurs villages, s'assemblent pour dresser un plan de campagne et entamer la bataille. Ces luttes, dans lesquelles on compte quelquefois cinq ou six mille combattants, entretiennent pendant plusieurs jours et même pendant des semaines un état de guerre qui produit de graves bouleversements dans les districts voisins et y fomente un mécontentement universel. Plusieurs des insurrections qui ont menacé l'existence des dynasties anciennes ou modernes remontent directemet à ces rivalités.

Les habitudes de *self-government* et d'obéissance aux anciens sont si étroitement liées à l'institution profondément enracinée du pouvoir patriarcal, que les magistrats provinciaux interviennent rarement dans ces querelles de clan. Quand ils s'y décident il est généralement trop tard, et ils ont alors la mortification de voir leur autorité totalement méconnue. Il arrive ainsi qu'un principe bon en lui-même et qui, convenablement guidé, est une garantie de paix et de bon ordre, devient, par l'inefficacité des mesures répressives du gouvernement et par un système imprudemment étendu de tolérance, un élément très-grave de désorganisation.

Les réglementations qui concernent les examens publics sont pour l'Etat une autre cause de faiblesse. Le mécanisme de ce grand système de compétition en Chine, qui fait dépendre le rang officiel du mérite littéraire, est généralement bien compris et n'a pas besoin d'être expliqué ici. Il n'est pas inutile toutefois de faire remarquer que les dépenses de l'éducation nécessaire à un étudiant pour concourir avec succès dépassent de beaucoup les moyens ordinaires des classes inférieures ; celles-ci par conséquent n'ont point part en pratique aux avantages tant vantés du libre concours. Il est aussi certaines catégories d'individus à qui la loi refuse tout office quelconque : ainsi les acteurs, chanteurs et toute espèce de gens de théâtre, et toute la classe nombreuse des serviteurs esclaves ou à gages, lesquels seuls entrent pour plusieurs millions dans le chiffre de la population de l'empire. Mais les inconvénients qui résultent des concours viennent bien moins des restrictions que de l'extension trop grande donnée au système et de cette circonstance, que l'empereur, s'il gouverne avec justice, est obligé de choisir ses fonctionnaires sur la liste des candidats heureux.

En temps de paix, la répartition dans les treize cents districts des provinces d'un corps de fonctionnaires résidents, d'habitudes tranquilles et d'éducation soignée, revêtus d'une autorité légale, est une source de beaucoup de bien. Le système qui crée ces fonctionnaires satisfait les sentiments du peuple ; il est en harmonie avec les autres institutions, mais il est complétement insuffisant dans les circonstances graves où il faudrait à l'Etat des hommes de caractère et de talents administratifs spéciaux. Une jeunesse sédentaire et studieuse, suivie de trois épreuves littéraires rigoureuses au début de la carrière, ce n'est pas là le genre de préparation qu'il faudrait à des hommes chargés d'administrer des populations séditieuses ; on en a la preuve au besoin dans les plaintes dont retentissent depuis vingt ans les gazettes de Pékin sur la timidité et l'ineptie des agents de l'autorité.

Toutefois, la plus préjudiciable de toutes les causes qui tendent à affaiblir l'empire chinois, c'est la dépréciation universelle du service militaire, conséquence naturelle du trop de valeur donnée aux travaux littéraires. Les premiers empereurs mantchous laissèrent sagement de côté les utopies décevantes impliquées dans ce principe. Ces Tartares, dès leur usurpation, songèrent à maintenir leur puissance en s'appuyant sur une armée efficace. Toutes les villes murées reçurent des garnisons. On fondit des canons ; on équipa des troupes ; on exigea l'obéissance stricte aux lois existantes, et les agitateurs politiques furent punis sommairement. Il en est résulté que tout le dix-huitième siècle, celui qui a succédé immédiatement à la conquête, est toujours cité par les Chinois eux-mêmes comme le plus paisible et le plus glorieux de leurs annales.

Les derniers empereurs ont graduellement oublié le secret de leur force ; ils se sont laissé influencer par les maximes de la philosophie chinoise, et l'insubordination générale en a été la conséquence. Les murs et les portes des villes fortifiées sont en ruine, les canons démontés gisent inutiles sur le sol, et les magasins ou n'ont plus d'armes ou n'ont que des armes hors de service. L'armée indigène est dégénérée en une milice sur laquelle on ne peut faire fond d'aucune manière. Les garnisons tartares, dépourvues d'instruction militaire, ont perdu beaucoup de leur vigueur, et aujourd'hui les seules troupes ayant une valeur réelle dont puisse disposer l'empereur sont les cent mille Tartares cantonnés à Pékin ou dans le voisinage.

Les officiers et les hommes de l'armée chinoise indigène se recrutent dans les classes inférieures et sont regardés avec mépris par leurs compatriotes non combattants. Il en est autrement des Tartares, et leurs officiers supérieurs sont d'ordinaire des militaires capables et ayant une position sociale élevée. Les hommes aussi sont comparativement de bons soldats, mais leur nombre est insuffisant pour maintenir l'ordre dans les provinces turbulentes. Ce dernier fait a amené leurs généraux à adopter une mesure excellente. Quand ils sont sur le point d'entrer en campagne, ils enrôlent des corps nombreux de volontaires à qui l'on donne une forte prime avec une haute paye et un supplément de rations. Les opérations terminées, ces hommes sont licenciés, mais alors ils se répandent dans le pays, vont grossir les bandes des insurgés, vivent de pillage et contribuent à fomenter les troubles qu'ils étaient dans l'origine destinés à apaiser.

Il y a encore d'autres sources de misère pour les populations et de faiblesse pour le gouvernement, mais nous ne pouvons ici que les indiquer. Les plus importantes sont la trop grande étendue du territoire de l'empire et l'excès de population de certains districts, la dissemblance des dialectes des provinces, l'absence de bonnes routes et enfin la fréquence des inondations et des tremblements de terre. Les provinces centrales sont surtout exposées à ces deux derniers fléaux : les populations ruinées, et qu'aucune mesure de charité publique ne vient soulager, ont alors recours au pillage et à l'insurrection. Les Mandchous ont aussi contre eux un adversaire spécial dans la croyance générale que leur dynastie arrive à son terme fatal et que la faiblesse de l'empereur est l'événement précurseur d'une chute prochaine et inévitable.

Avant que l'empire puisse atteindre à la force administrative et à la cohésion territoriale essentielle à sa stabilité, il faudra que l'armée soit réorganisée et que sa position sociale soit relevée. La flotte militaire est certes en bonne voie de reconstruction, mais il faudrait supprimer absolument la piraterie, établir dans les grandes villes des corps de police efficaces. Il faudrait aussi que le gouvernement, tout en maintenant l'intégrité des institutions civiles, veillât à ce que l'autorité patriarcale et le système des concours n'engendrassent pas l'anarchie dans le peuple et l'incapacité dans l'administration.

Pour que les mesures nécessaires à la mise en pratique de ces principes soient efficaces et durables, les Chinois auront, à l'imitation des Japonais plus perspicaces, à modifier beaucoup de leurs idées arrêtées et à adopter de grands changements dans leur politique intérieure et extérieure. Ces changements demanderont beaucoup de temps, mais les événements de chaque jour les préparent. De ces événements, les plus importants auront été l'insurrection taëping, l'extension des rapports avec l'Europe et l'emploi de contingents étrangers.

Sans insister sur les mérites de la politique suivie par l'Angleterre et les autres nations à l'égard de la Chine, nous pouvons faire remarquer que l'emploi des contingents étrangers, fait sans exemple dans les annales de la Chine, est surtout dû à l'impossibilité où s'est trouvé le gouvernement chinois de vaincre les Taëpings et de supprimer la piraterie. Les leçons que l'empire chinois aura ainsi reçues des étrangers auront indubitablement leur utilité en développant les forces latentes du pays. La nation finira par diriger son attention sur les causes qui l'ont rendue incapable de résister aux exigences européennes et l'ont obligée à accepter de dures humiliations. On a apprécié comme il convenait en Chine l'infériorité des jonques de guerre à voiles et à rames comparées aux bâtiments à vapeur bien armés et bien équipés. On ne manquera pas d'y remarquer que les Chinois, convenablement armés et instruits, font des soldats courageux et redoutables, et l'on y comprendra les avantages de l'organisation de la discipline. Pour une race subtile et suffisamment clairvoyante quand il s'agit de ses intérêts matériels, l'exemple ne sera pas perdue et la leçon profitera.

La Chine, dans le siècle présent, a atteint une période très-critique de son histoire ; ses anciennes institutions et sa civilisation, depuis si longtemps stagnantes, subissent une épreuve décisive. Il est donc heureux que les Chinois réunissent à leur confiance en eux-mêmes et à leur remarquable unité de caractère un profond attachement à leur sol natal, car ces qualités leur seront nécessaires pour leur faire traverser la crise de désorganisation qui paraît inévitable, mais qui, nous l'espérons, pourra finir par assurer à la Chine une stabilité plus durable en lui donnant une meilleure place parmi les nations utiles et progressives.

IV.

LA CORÉE.

GÉOGRAPHIE. — ETHNOGRAPHIE. — CONDITION SOCIALE.
MŒURS.

I.

On peut dire sans exagération que les géographes en savent plus de l'Afrique centrale, de ses montagnes et de ses rivières que de l'intérieur de cette presqu'île, de ce simple promontoire interposé comme un coin entre les mers de la Chine et du Japon, qui a nom la Corée. A l'exception des rares renseignements recueillis par les premiers missionnaires jésuites en Chine et par des écrivains comme Kæmpfer et Siebold au Japon, il n'existe pas de relations imprimées sur la géographie ou la constitution du royaume coréen. On ne connaît du pays que ses côtes, relevées par des navires de guerre français ou anglais pour les besoins de la navigation.

D'après Williamson, le dernier écrivain qui lui ait consacré un chapitre de son voyage (1), « la Corée est une péninsule qui court obliquement du nord-ouest

(1) *Journey in North China,* by the Rev. A. Williamson. London, 1870.

au sud - est par 34°40' et 42°30' latitude et 125° et 129° longitude est (Greenwich), bornée à l'est par la mer du Japon, au sud par la mer Jaune, à l'ouest par la mer Jaune et le golfe de Petchili, et au nord par les rivières Ya-lu et Tu-Mên, qui séparent respectivement le pays de la Mandchourie chinoise et de la Mandchourie russe. La superficie est estimée à 79414 milles carrés (environ 128,000 kilomètres), non compris les nombreuses îles qui bordent ses côtes sud et ouest, c'est-à-dire qu'elle est une fois et quart plus grande que celle de la province chinoise voisine de Shantung et plus de trois fois plus grande que l'Ecosse. C'est une terre montagneuse, qui, sur les côtes, a des montagnes de 1000 à 8000 pieds (300 à 2400 mètres) de hauteur d'après les relevés des hydrographes anglais. Les vallées sont, dit-on, fertiles, et les montagnes sur beaucoup de points sont couvertes d'épaisses forêts. »

Sauf quelques détails sur le cours des deux grandes rivières de la Corée, ce passage comprend à peu près tout ce que les géographes européens trouvent à dire de la presqu'île coréenne. Les sources chinoises n'en disent pas plus long. L'excessive rigueur avec laquelle les Chinois et les Coréens sont tenus séparés les uns des autres vient en grande partie sans doute de cette horreur invétérée pour tout ce qui n'est pas chinois, qui forme un élément si important du caractère et de la politique du Céleste Empire; mais cela vient aussi en partie des traditions d'inimitié nées d'un état de guerre séculaire datant de l'époque antérieure à l'ère chrétienne, alors que le royaume de Ch'ao-sien, comme s'appelait la Corée au deuxième siècle avant J.-C., donnait tant d'embarras aux empereurs chinois de la dynastie Han. Longtemps avant cette époque, vers la fin du douzième siècle avant J.-C., d'après les traditions conservées dans le *Shoo-King* ou *Livre de l'histoire*, un descendant de la dynastie Shang s'était retiré dans la péninsule coréenne lors de la chute de cette famille, et c'est à lui qu'est attribuée, fabuleusement sans doute, l'introduction d'influences civilisatrices chez les « barbares », qui jusque-là avaient habité les repaires des montagnes situées à l'est de la rivière Liao.

Cette rivière, traversant ce qui est aujourd'hui la province Mandchoue de Fêng-t'ien, a été pendant des siècles la frontière entre le territoire revendiqué par le souverain chinois et celui de Ch'ao-sien.

Sous la dynastie T'ang, qui correspond à la période de 450 à 800, le pays semble avoir été divisé entre plusieurs princes indépendants, dont quelques-uns d'origine chinoise. La population avait aussi beaucoup de sang chinois en raison des émigrants nombreux qui fuyaient la tyrannie ou les désordres de leur patrie pour aller se placer sous le gouvernement plus facile des petits rois coréens.

Les conquérants mongols de la Chine, au treizième siècle de notre ère, étendirent leur domination sur une grande partie de la Corée, l'incorporant tout entière dans l'empire chinois. Mais, à l'arrivée au trône du fondateur de la dynastie Ming, à la fin du quatorzième siècle, ce monarque reconnut la souveraineté du prétendant d'alors au trône de Corée, et lui conféra des lettres d'investiture avec le titre de kao-li (1)

---

(1) Cette désignation, dérivée d'un des anciens titres dynastiques du royaume, est l'origine de notre mot « Corée », tiré du japonais, qui prononce le son chinois « kou-lai », en changeant *l*, qu'il ne peut prononcer, en *r* dans les mots étrangers.

wang, ou roi feudataire de Corée. Un tribut fut régulièrement payé par ce prince et ses successeurs pendant plusieurs siècles aux souverains de la dynastie Ming, et le royaume fut divisé d'après le type chinois en provinces (alors appelées « tao »), préfectures, départements et districts.

Cette paix dont la Corée avait joui longtemps sous la suzeraineté nominale de la Chine finit par être interrompue par une invasion japonaise, lorsque l'usurpateur Taicosama résolut de faire de la Corée la base de ses opérations pour sa conquête projetée de la Chine. Les historiens de la dynastie Ming racontent qu'en 1592, une immense armée japonaise débarqua en Corée et envahit tout le pays. Le roi s'enfuit demander à la cour de Chine une armée de secours, qui se fit battre honteusement ; enfin, ce ne fut qu'en 1598 que les Japonais se retirèrent.

Chose assez bizarre, c'est à cette incursion des Japonais que remontent les rapports des nations européennes avec les Coréens. L'invasion de Taicosama servit à faire introduire le christianisme en Corée, et nulle part la religion de l'occident ne trouva meilleur accueil des Asiatiques. Les historiens jésuites du Japon racontent que l'armée envoyée à la conquête de la Corée était presque entièrement composée de chrétiens convertis, et que ses deux chefs étaient au nombre des magnats chrétiens les plus notables d'un empire qui, peu de temps auparavant, avait été regardé comme sur le point d'être tout entier converti au dogme de la croix. Un missionnaire, appelé Cespédès, fut autorisé à accompagner l'expédition et à préparer l'évangélisation de la Corée. Les splendides illusions de l'Eglise devaient toutefois être cruellement déçues. Si l'on en croit le narrateur jésuite, Taicosama avait résolu l'expédition de cette armée chrétienne, tout autant pour en assurer la destruction que dans l'espoir de conquérir le pays. Une fois l'expédition embarquée, les proscriptions commencèrent contre les chrétiens ; et des soldats qui franchirent le détroit en 1592, bien peu revirent leur patrie, l'évacuation opérée, sept ans après. Néanmoins la semence répandue sur le nouveau sol, par les soins infatigables de l'ordre de Jésus, ne devait pas être perdue.

Quand la dynastie Ming fut renversée et que Pékin tomba aux mains des Mandchoux victorieux (1644 de J.-C.), le roi régnant de Corée, qui avait été fait prisonnier quelque temps auparavant par les conquérants dans une de leurs incursions sur son territoire, fut amené à leur suite dans la capitale de la Chine. Là ce prince fit la connaissance du célèbre jésuite Adam Schall, qui, avec une adresse caractéristique, avait réussi à se faire agréer du chef des envahisseurs tartares comme précédemment du souverain de la dynastie Ming. Le prince coréen ayant manifesté le désir de connaître les écrits des missionnaires, le père Schall lui envoya une collection complète de leurs œuvres scientifiques et religieuses ; et au départ du roi, pour reprendre le gouvernement de son pays, après avoir reconnu la suprématie du souverain mandchou, Sa Majesté demanda, dit-on, au père Schall de lui envoyer encore quelques-uns de ses compagnons européens pour y répandre l'instruction dans les nouvelles branches d'études dont il avait eu un aperçu.

Cette invitation, toutefois, ne fut pas suivie d'effet, — sans doute sous la pression du gouvernement chinois ou de quelque conseiller plus prudent ou plus défiant du monarque coréen, et la Corée resta fermée pendant plus d'un siècle aux nations de l'Europe. Elle ne fit plus parler d'elle que par les rares nouvelles du pays dont tiennent registre les membres de la mission de Pékin ou par des incidents tels que celui de la captivité du marin hollandais Hamel, qui, naufragé sur l'île de Quelpaert, en 1653, en allant au Japon, fut retenu en Corée treize années, au bout desquelles il parvint à s'échapper et à rejoindre ses compatriotes à Nagasaki. A son retour en Hollande, Hamel publia le récit de ses aventures et une description de la Corée, qui resta la principale source d'informations dont les géographes européens tirèrent leurs rares connaissances du pays.

Enfin, en 1784, une occasion s'offrit aux jésuites de Pékin d'introduire la semence de leur enseignement sur le sol objet depuis plus de cent ans de leurs secrètes aspirations. Le fils de l'ambassadeur coréen, nommé Li, qui avait été envoyé cette même année porter à Pékin le tribut accoutumé, ayant entendu parler du merveilleux savoir des missionnaires européens dans les sciences astronomiques et mathématiques, leur demanda de l'instruire, et fut ainsi amené à embrasser la religion chrétienne et à se faire baptiser. Pierre Li, comme le néophyte fut dès lors appelé, plein de zèle apostolique, se mit avec une ardeur infatigable à la propagation de ses doctrines nouvellement acquises, et l'on rapporte que, cinq ans après son retour dans la capitale de la Corée, on comptait quatre mille chrétiens des deux sexes parmi ses convertis.

D'après l'abbé Pichon (1), au livre duquel nous re-

---

(1) *Vie de Monseigneur Berneux, vicaire apostolique de Corée.* Le Mans, 1868.

courons ici, « on prêchait la religion publiquement ; on la prêchait à la cour et dans les provinces ; le vrai Dieu avait un grand nombre d'adorateurs parmi la noblesse. En 1788, le gouverneur de la capitale fit arrêter Thomas King parce qu'il prêchait une religion étrangère. A cette nouvelle, plusieurs néophytes se présentèrent d'eux-mêmes devant le gouverneur et déclarèrent qu'ils étaient aussi chrétiens et prédicateurs de cette religion. Celui-ci, étonné de leur nombre, les renvoya chez eux et condamna Thomas King à l'exil, où il mourut la même année. Les chrétiens, loin d'être intimidés par ce commencement de persécution, n'en devinrent que plus ardents ; aussi la foi faisait-elle chaque jour de nouveaux progrès. »

Tels furent les débuts de la propagande catholique en Corée ; et quels que soient le degré de pureté qui ait présidé aux doctrines fondamentales de la foi chrétienne et la rapidité des conversions, il est positif que les premières semences du christianisme y ont été introduites par une entremise absolument indigène, et qu'elles ont germé dans un sol qui a produit depuis lors une abondante moisson de croyants, lesquels, dans mainte circonstance, n'ont pas hésité à sceller leurs convictions dans le sang. Il est certain que, malgré les persécutions de 1788, et les mesures plus rigoureuses encore qui furent prises dans les années suivantes, les chrétiens coréens continuèrent à croître en nombre.

Un an ou deux plus tard, ils dépêchaient à Pékin un émissaire nommé Paul Li, pour obtenir de l'évêque des éclaircissements sur certains doutes qui s'étaient élevés chez eux touchant des points de doctrine et de pratique. Paul Li rapporta dans son pays un tel redoublement de zèle que les imaginations de ses compatriotes s'enflammèrent à ses récits et qu'ils sollicitèrent la présence chez eux de prêtres dûment qualifiés. Le messager, renvoyé en conséquence à Pékin, reçut de l'évêque les pouvoirs nécessaires pour célébrer la messe et administrer les sacrements. Il fut, en outre, décidé qu'un prêtre serait envoyé à un rendez-vous sur la frontière, où des chrétiens coréens devaient venir à sa rencontre. Un missionnaire partit en effet de Pékin ; mais, en arrivant au lieu désigné, il ne trouva personne et fut contraint de retourner sur ses pas.

Une nouvelle persécution organisée en Corée sevra pour quelque temps ce pays de toute communication avec le monde extérieur. A la fin, en 1796, après plusieurs tentatives infructueuses, un jeune Chinois qui avait été ordonné prêtre et avait reçu le nom de Jacques Velloz, réussit à franchir la frontière et fut accueilli avec enthousiasme par les chrétiens indigènes. A cette époque, il semble résulter de renseignements vagues que le roi avait renoncé à sanctionner un projet de ses conseillers destiné à extirper radicalement les nouvelles doctrines. Grâce à cette hésitation du maître, le christianisme, bien que poursuivi à outrance par certains fonctionnaires, trouva un refuge dans certains districts du royaume administrés par des gouverneurs mieux disposés ; et, malgré de fréquentes proscriptions et de nombreuses exécutions, le chiffre des chrétiens solidement convertis était estimé à dix mille en l'année 1800.

A cette date survint la mort du roi, et pendant la régence qui s'ensuivit le parti hostile gagna un ascendant momentané. Le missionnaire Jacques Velloz finit par être pris après avoir échappé longtemps à ses persécuteurs, et le 21 mai 1801 il fut exécuté publiquement. Pendant plus de trente années après cet événement, les chrétiens coréens restèrent sans prêtres.

Avant d'aborder les circonstances qui, plus récemment, ont donné un nouvel essor à l'élément chrétien en Corée, il ne sera pas inutile d'examiner brièvement ce qu'est le royaume lui-même, autant que cela est possible avec les rares matériaux qui existent.

II.

Comme il a déjà été dit plus haut, le pays est divisé en huit « tao » ou provinces dont les limites ont été tracées il y a quelque quatre cents ans sous les auspices du gouvernement chinois. Une carte japonaise indique nettement ces divisions géographiques avec les rivières qui les arrosent. En commençant par le nord, montagneux et froid, on trouve l'espèce de trait d'union qui soude la péninsule coréenne à la terre ferme dans le vaste territoire montagneux et désert du Ch'ang-Peh-Shan, d'où s'élance le haut pic de Peh T'ow-shan (la montagne à la tête blanche), et qui sert de frontière nord entre la Corée et la terre des Mandchoux. Les pentes occidentales et orientales de cette montagne donnent respectivement naissance aux rivières Ya-lu et Tu-mên. Cette dernière, coulant à l'est, constitue aujourd'hui la frontière entre la Corée et ses redoutés voisins, les Russes, dans leur riche possession enlevée aux Chinois, en 1860, par un brillant coup de diplomatie. Le Ya-lu, lui, après avoir sillonné un vaste territoire désolé, couvert de forêts, demeure des tigres et d'animaux à fourrures d'espèces diverses, se jette dans un golfe en haut de la mer Jaune, sur les frontières du grand promontoire de Liao-tung ou Mandchourie méridionale.

Les deux tao ou provinces les plus septentrionales situées au sud des rivières susnommées sont Hien-king (sur la côte est) et P'ing-an (sur la côte ouest). Au-dessous de celles-ci, à l'est, et par conséquent faisant face au Japon, viennent les provinces de Kiang-yüan et K'ing-shan, dont la dernière est suivie de Ts'üan-lo, qui occupe la pointe méridionale de la Péninsule. A celle-ci succèdent (en remontant vers le nord) les provinces de Chung-tsing, de King-ki et de Hwanghaï, cette dernière ayant pour limite au nord la rivière P'ing-jang, qui la sépare de P'ing-an tao déjà nommé.

Outre la rivière de P'ing-jang, cours d'eau très-considérable qui se jette dans la mer Jaune par 39 degrés nord, la Corée a aussi (sans parler de cours d'eau moins importants) la rivière Han, qui traverse la province de King-ki de l'est à l'ouest, et forme un vaste delta dont l'embouchure est défendue par ces innombrables îlots rocheux et boisés connus sous le nom d' « archipel du Prince Impérial, » à peu de distance desquels, sur la terre ferme, est située la capitale, Séoul, ou Saül (1).

Toutes les descriptions du pays concourent à le représenter comme complètement montagneux, avec de fréquentes vallées cependant, où passent des cours

---

(1) Cette expression en langue coréenne est l'équivalent des mots chinois « wang king » (littéralement : « capitale royale »). La ville ne paraît pas avoir d'autre nom distinctif.

d'eau. Les écrivains japonais, aussi bien que les missionnaires catholiques, s'accordent sur la pauvreté du sol, l'état arriéré de l'agriculture et du commerce et les mœurs simples des habitants. La population a été diversement évaluée de 5 à 20 millions d'âmes ; mais aucune donnée n'existe pour formuler un chiffre exact. Le climat, qui, au nord, a toute la rigueur des régions glacées voisines de la Mandchourie, approche plutôt ailleurs, comme on peut aisément le penser, de celui du Japon ; mais les hivers ont toujours de la neige et de la glace, même dans les provinces les plus méridionales. Exposée de trois côtés aux influences marines, fécondes en humidité, la Péninsule est sujette à des pluies aussi excessives que le sont les sécheresses du continent chinois, dues également à des causes topographiques bien comprises. Les côtes sont couvertes d'une luxuriante verdure, qui ajoute infiniment de grâce aux sites pittoresques que présente leur bordure de montagnes et d'îles rocheuses.

Il existe des raisons pour rattacher les Coréens à la souche tongouse qui a peuplé toute l'Asie septentrionale, et Klaproth (1) les regarde comme les descendants d'une branche des Sien-p'i, éteinte depuis longtemps comme nation distincte, dont l'ancienne patrie est située dans la Mongolie nord-orientale. D'aspect, les Coréens ressemblent plutôt aux Japonais qu'aux Chinois ; mais leurs traits sont plus nettement mongols. Ils ont les pommettes remarquablement proéminentes, mais arrondies, le nez déprimé à la racine et épaté aux narines, l'œil invariablement noir et fendu obliquement, caractère que les Européens at-

---

(1) *Asia polyglotta.*

tribuent à tort à la physionomie chinoise particulièrement. Ils sont de taille élevée et plus grands en moyenne que les deux peuples voisins.

Leur nourriture principale est une espèce inférieure de riz, du blé, de l'orge, du millet et du maïs, ce dernier cultivé sur une grande échelle. Ils ont aussi le chou chinois et le navet, lesquels, conservés dans la saumure, sont universellement consommés dans le pays. Le poisson, comme en Chine, est un important article de leur alimentation le long des côtes ; les classes aisées mangent à l'occasion du bœuf, du porc et aussi du cheval et du chien.

Le tabac est cultivé, mais les meilleures qualités ne s'obtiennent que par importation de la Chine. On a aussi des fruits de diverses espèces, tels que pommes, poires, abricots, cerises, noix, grenades, etc. ; mais ils ne valent pas grand'chose. Le coton se cultive sur une assez grande échelle ; un produit beaucoup plus important toutefois, c'est le chanvre, avec lequel on fait des étoffes grossières, mais durables, employées principalement pour les vêtements. On fait également un peu de soie avec laquelle on fabrique des étoffes plus fines portées par l'aristocratie et les fonctionnaires. Les deux articles d'exportation qui amènent les commerçants chinois à visiter les côtes de Corée d'une manière à moitié clandestine, ou à trafiquer avec l'ambassade qui se rend annuellement à Pékin et à la foire de la frontière, sont le papier et le « ginseng, » contre lesquels on échange d'ordinaire des marchandises européennes et chinoises. Le ginseng *(panax ginseng,* plante araliacée) se sème sous de longues rangées d'abris construits en écorce de sapin, garnis intérieurement de nattes. Il faut cinq ans à la plante pour atteindre sa maturité ; on en prend alors les racines, qu'on fait sécher pour l'exportation. Bien que jugé par les Chinois incomparablement inférieur en vertus toniques et curatives à la fameuse racine que produisent les forêts sauvages de l'Usuri et de l'Amour, le ginseng coréen n'en atteint pas moins des prix très-élevés (150 francs à 200 francs le kilogr.) dans les entrepôts chinois. Le papier fabriqué en Corée, avec du coton et de l'écorce d'une espèce de mûrier, est célèbre comme celui du Japon, pour sa résistance ; on l'emploie à une foule de choses.

De riches minerais abondent dans tout le pays. L'or, l'argent, le fer, le cuivre et le plomb ne s'obtiennent qu'en petites quantités ; mais l'industrie minière est strictement restreinte aux besoins exclusifs du gouvernement. Les spécimens de métaux travaillés produits par les indigènes montrent que ceux-ci ne le cèdent guère en habilité à leurs voisins les Japonais dans l'art de forger et d'allier les métaux.

La navigation est dans l'enfance. Elle se borne à de petits bateaux à fonds plats (sampans) et à des jonques de très-faible tonnage. Les Coréens n'entendent rien au calfatage, que comprennent au contraire si bien les pays voisins. Ces circonstances font que le commerce a lieu surtout par terre, à dos d'hommes ou d'animaux, ou au moyen de chariots primitifs sur des routes qui ne sont pour la plupart que des sentiers bordant les flancs des montagnes ou suivant les grossiers remblais des champs cultivés des basses terres.

Le genre de vie des Coréens de toutes les classes, sauf dans le voisinage immédiat de la cour, est de l'espèce la plus simple et la plus frugale. Des choses de nécessité quotidienne à leurs voisins les Japonais leur sont totalement inconnues. Le thé même n'est pas encore entré dans la consommation du pays; le breuvage habituel n'est autre généralement que de l'eau dans laquelle on a fait bouillir du riz ou du millet. Chez les riches, dans les grandes occasions, on boit parfois une infusion de ginseng, et plus rarement encore un spiritueux grossier distillé de divers grains. On ne voit jamais de sucre : c'est une rareté qui n'est employée que dans la pharmacopée ; il est partout ailleurs remplacé par le miel. Beaucoup d'autres articles importés ou indigènes dont on fait un usage ordinaire dans les pays contigus sont également inconnus.

Le vêtement universel est une grossière étoffe blanche de coton ou de toile (connue sous le nom de « tolda ») que portent les classes inférieures en été sous la forme d'une simple jaquette et d'un large pantalon court. Les classes élevées portent, outre une veste de coton et de volumineux pantalons de coton ou de soie, une longue robe souvent faite d'une belle gaze de soie qui descend au-dessous du genou et se boutonne en face et non sur le côté, comme c'est l'invariable coutume en Chine. La matière première de ce vêtement externe est souvent teintée de bleu pâle. En hiver, on a des fourrures et des vêtements ouatés. La chaussure se compose ou de sandales de paille ou de souliers bas et pointus de cuir de vache tanné et réduit à une espèce de parchemin. Joignez à cela des bas de coton autour desquels se lie le pantalon de toile au-dessus des chevilles.

Un accessoire infaillible du costume coréen, c'est la ceinture et la poche à tabac, à quoi l'on peut ajouter la pipe qu'ont tous les hommes, longue tige de bambou chinois avec embouchure et fourneau de métal de fabrication indigène. Les cheveux, durs et variant de couleur du noir au brun roux, se portent, pour les adultes, ramassés en un nœud au sommet de la tête, où ils sont retenus par une bande de gaze de crin extrêmement fin. Mais les femmes et les adolescents laissent les leurs tomber en masses confuses. Les classes inférieures se laissent pendre de chaque côté de la face de longues mèches éparses qui donnent à une assemblée coréenne un air sauvage étrange. L'objet le plus frappant du costume indigène est le chapeau ; il ressemble singulièrement au grand chapeau bas à larges bords que nous avions il y a un siècle. Il est fait d'un fin réseau noir de crin natté ou de bambou, et se compose d'un disque de 60 centimètres de diamètre surmonté d'un cylindre de 10 centimètres de hauteur environ. Le sommet de ce cylindre est plat, sauf chez les militaires, qui l'ont un peu en pointe. Contrairement aux mandarins chinois, les fonctionnaires diffèrent peu de la masse du peuple par le costume ; mais, dans les grandes occasions, ils ont sur leurs chapeaux des figures de différents oiseaux ou autres animaux, et leur rang est indiqué par une variété de petites boules ou boucles d'ambre, de jade, ou d'argent, qui servent à rattacher la mentonnière au-dessus de l'oreille. Les officiers de l'armée portent une jaquette - pardessus en soie diversement teintée, selon leur rang.

On sait peu de chose de la constitution du gouvernement et des détails de l'administration. On peut dire qu'en théorie la monarchie est un despotisme modelé sur celui de la Chine, et tempéré, en ce qui concerne les hautes classes seulement, par l'existence de certains rangs privilégiés et d'une noblesse héréditaire, comme il en existe en Chine. Le pouvoir royal, par rapport à la masse de la population, est absolu ; mais de puissants partis chez les nobles semblent exercer un certain contrôle sur les actes du roi et décider virtuellement des questions contestées de succession qui se présentent fréquemment.

Les nobles, dont les titres et les attributions sont peu connus des Européens, peuvent correspondre jusqu'à un certain point à l'institution (aujourd'hui pratiquement éteinte) des daïmios au Japon ; mais le gouvernement du pays, dans ses provinces, ses départements et ses districts, est confié à des fonctionnaires qui ou obtiennent leurs postes, d'après le mode chinois du concours ou de l'achat, ou sont choisis par le roi lui-même parmi les satellites de sa cour. Même les plus bas de ces fonctionnaires ont, semble-t-il, droit de vie et de mort sur leurs administrés, et des flagellations d'une effroyable sévérité sont infligées sommairement par leurs ordres à quiconque, dans leur juridiction, est jugé par eux coupable du plus insignifiant délit.

Toute la population est astreinte au service militaire ; il n'existe rien toutefois qui ressemble à une armée permanente, à part quelques corps de soldats recrutés dans la capitale qui remplissent les fonctions de garde du souverain. Tactique et discipline sont également ignorées, sauf l'obéissance passive absolue à l'autorité, qui est une loi universelle pour les Coréens et l'un des traits les plus remarquables de leur caractère. Les villageois de chaque district, outre qu'ils sont soumis à la corvée pour tous les travaux du gouvernement, sont appelés périodiquement au chef-lieu local, et font à tour de rôle le métier de soldat ou de police armée sous les ordres du fonctionnaire en chef. La seule distinction qu'ils aient dans ce service consiste dans la forme arrondie donnée au sommet du chapeau national. Ils ont pour armes des lances, des arcs et une espèce de grossier fusil à mèche. Mais, bien que le plus grand nombre des armes coréennes soit de la nature la plus primitive, il se fabrique dans la capitale des armes d'un fini très-supérieur. Là, les gardes du roi sont vêtus de cottes de mailles. Dans les récentes hostilités avec les forces navales des Etats-Unis, un grand nombre de soldats coréens portaient de longs surtouts de grosse toile de coton bourrés de même matière, qui étaient à l'épreuve du sabre et de la balle ordinaire, mais non à l'épreuve de la balle de carabine rayée. L'énorme poids de cette armure cependant (le vêtement et le casque ne pesaient pas moins de 9 kilog.) empêchait ces cuirassiers d'un nouveau genre de se mouvoir.

La religion de la Corée, comme presque toutes les autres institutions officielles du pays, est calquée sur celle de la Chine ; les grands dieux du panthéon chinois ont partout leur culte, en même temps que les doctrines de Confucius sont professées par les lettrés. Le bouddhisme et le taoisme ont là leurs adhérents comme en Chine. La langue très-différente du chinois et du japonais, bien que plus près de celui-ci par sa forme polysyllabique et son alphabet de vingt-sept lettres, a beaucoup de rapports avec la langue mongole actuelle. L'alphabet et l'écriture indigènes, quoique faciles à apprendre, sont tenus (peut-être pour cela) en piètre estime ; et leur usage est presque entièrement confiné aux femmes et aux enfants.

La littérature nationale ne contenant guère que les

« classiques » chinois ou ouvrages canoniques et leurs dérivés, la connaissance des caractères écrits chinois est indispensable à quiconque prétend à un peu de savoir. Or, comme ces caractères consistent (comme les chiffres arabes) en une série arbitraire de symboles pour des sons correspondants, ils peuvent s'appliquer à toutes les langues parentes — annamite, japonais ou coréen — pour représenter à l'œil leurs sons, forts différents d'ailleurs entre eux. Le mot « homme » par exemple, se dit en chinois parlé « djên » et en coréen « saram; » mais le caractère écrit qui le représente traduit précisément la même signification à un œil chinois ou à un œil coréen. Il faut, il est vrai, une étude spéciale aux Coréens pour leur permettre de comprendre les règles de construction du chinois, règles qui diffèrent beaucoup des leurs ; mais c'est là un élément nécessaire de l'éducation, et tout lettré coréen comprend le chinois.

Malgré cet état de dépendance littéraire à l'égard de sa gigantesque voisine, la Corée s'en est tenue durant de longues suites de générations à une politique obstinée d'isolement presque aussi stricte par rapport aux Chinois que par rapport aux autres nations. Ses seules relations avec la Chine se bornent officiellement à deux points : Pékin est visité annuellement par un envoyé accompagné d'un certain nombre de marchands privilégiés, et il en est de même de la « Ville-Porte, » près de la ville mandchoue de Fêng-hwang, où se tient une foire périodique. En outre, un trafic irrégulier se fait par les jonques chinoises entre les ports de Chefoo et Wei-Haï, dans le Shantung et les îles de la côte de Corée, surtout à l'embouchure de la rivière Ya-lu.

L'ambassade annuelle visite Pékin en hiver et les marchands qui l'accompagnent apportent avec eux du ginseng et autres drogues, du papier et des cotonnades. Le personnel de chaque ambassade ne doit pas excéder deux cents individus, et son séjour est limité à quarante jours. Bien que commerciale au premier chef, l'ambassade a nominalement pour mission de présenter l'hommage du roi de Corée à son suzerain et de recevoir en échange un exemplaire du calendrier impérial chinois, qui est un des attributs de la suprématie de la Chine sur les Etats dépendants.

Les opérations commerciales de la foire sont infiniment plus importantes que celles de Pékin et une petite quantité d'articles anglais s'introduisent par ce moyen en Corée après avoir subi une sorte de déguisement, l'importation en étant strictement prohibée.

M. T.-T. Meadows, consul britannique à Newchwang en Mandchourie, a donné de la foire en question la description suivante :

« Le Ya-loo est la frontière entre la Corée et la Chine. La rive gauche ou coréenne est cultivée et regorge de villes, de villages et de fermes. La rive chinoise est bordée de forêts inhabitées qui, en aval, près de l'embouchure, ont 30 milles (40 kilomètres) de profondeur, et plus encore en allant vers le nord. A 25 milles (40 kilomètres) environ de son embouchure, l'Ya-loo a environ 300 yards (à peu près 300 mètres) de largeur et une profondeur de 20 pieds (6 mètres). A l'extrémité ouest de la ceinture de forêts, la porte palissadée de Fung-hwang est une ville composée principalement d'auberges pour recevoir les Coréens qui, trois fois l'an, traversent l'Ya-loo et la ceinture de forêts pour faire le commerce — une fois pendant la troisième lune, une fois pendant la neuvième et une fois pendant la douzième.

Dans chacune de ces occasions, la période légale pour commercer est d'un mois, mais des présents aux mandarins chinois peuvent la faire prolonger de dix jours si l'on y trouve profit. Les mandarins chinois viennent de la ville de Fung-hwang, située à une dizaine de milles de la « Ville-Porte, » à l'ouest. En 1863, j'étais en pleine forêt quand la période de la neuvième lune commença. Des groupes d'ouvriers coréens parurent d'abord et réparèrent les ponts sur les cours d'eau franchis par la route qui traverse la forêt. Vinrent ensuite les aubergistes, qui s'établirent sous des tentes ouvertes à leurs compatriotes commerçants. Je vis arriver enfin successivement les marchands à cheval et les marchandises sur des bœufs accompagnés de leurs conducteurs. De voitures, point. Il fallait deux jours aux bœufs pour passer de l'Ya-loo à la Ville-Porte (1). »

Telle est la bizarre méthode de communication internationale imposée à deux nations voisines et parentes dont les nombreux ports de mer se font face sur différents points à des distances qui varient d'une demi-journée à trente-six heures par navire à vapeur.

III.

Nous avons dit plus haut que plus de trente années s'étaient écoulées au commencement du présent siècle sans qu'aucun missionnaire étranger eût réussi à pénétrer en Corée ; mais l'existence des communautés chrétiennes de ce coin perdu du monde n'avait pas

---

(1) *Consular Reports on Trade in China*, 1864.

été oubliée pour cela. En 1811, les convertis indigènes firent parvenir au Pape Pie VII une lettre par laquelle ils demandaient que des guides spirituels leur fussent envoyés. En 1832, Mgr Bruguière, alors coadjuteur du vicaire apostolique de Siam, s'offrit pour l'œuvre des missions en Corée et fut en conséquence nommé vicaire apostolique de ce pays. Toutefois, après avoir traversé la plus grande partie de la Chine au prix de fatigues et de dangers extrêmes, il tomba malade et mourut en Mandchourie en octobre 1835. Il fut assisté dans ses derniers moments par un prêtre chinois qui l'accompagnait, un élève du séminaire de la Propagande de Naples. Cet homme, ayant subséquemment réussi à pénétrer en Corée, trouva le moyen d'y introduire deux missionnaires français, MM. Maubant et Chastran, les premiers Européens qui parvinrent à mettre le pied sur le sol de la Corée, qu'ils devaient bientôt teindre de leur sang.

Mgr Imbert, missionnaire dans l'extrême ouest de la Chine, avait été nommé coadjuteur de Mgr Bruguière. Après la mort de celui-ci, surmontant des obstacles sans nombre, il avait enfin réussi à pénétrer dans la capitale coréenne, où il s'était installé le 31 décembre 1837. Ici laissons parler l'abbé Pichon :

« La présence du prélat et des autres missionnaires ne put être longtemps tenue secrète : l'empressement même que montraient les chrétiens pour prendre part aux saints mystères trahit cette présence. Une affreuse persécution éclata en 1839. Un grand nombre de chrétiens furent arrêtés et soumis aux tortures les plus rigoureuses, soit pour les faire apostasier, soit pour obtenir qu'ils découvrissent la retraite des missionnaires. C'est alors que Mgr Imbert, pour sauver ces pauvres chrétiens, résolut de se livrer lui-même aux persécuteurs et qu'il écrivit à ses deux compagnons d'en faire autant. MM. Maubant et Chastran obéirent avec joie à leur vicaire apostolique, comme à l'ordre de Dieu lui-même. Ils reçurent ensemble la glorieuse couronne du martyre le 21 septembre 1839. »

Pendant ce temps, quelques Coréens qui étaient partis de leur pays quelques années auparavant recevaient une éducation cléricale à l'établissement portugais de Macao (près de Hong-Kong). Avec l'assistance d'un de ces néophytes reçu diacre, un nouveau vicaire apostolique, Mgr Ferréol, accompagné d'un missionnaire nommé Daveluy, pénétra en Corée en 1845. Bien que condamné à une vie de réclusion complète, Mgr Ferréol n'en put pas moins exercer son ministère en sûreté sous le toit de divers amis; et le nombre des chrétiens, que les persécutions précédentes avaient réduit à sept mille environ, était en 1852 de onze mille.

Mgr Ferréol mourut en 1853, désignant pour son successeur Mgr Berneux, alors provicaire apostolique en Mandchourie. Ce zélé missionnaire avait été employé dans diverses parties de la Chine, de la Cochinchine et de la Mandchourie depuis 1839. Après être resté, pendant plusieurs mois, dans les cachots de Hué, capitale de la Cochinchine, il en avait été délivré presque par miracle à l'arrivée fortuite d'une corvette française sur la côte. Le saint-siége n'avait pas hésité à ratifier le choix de Mgr Imbert, et avait du même coup conféré le titre d'évêque de Capse *in partibus* au nouveau vicaire apostolique. Embarqué à Changhaï en 1856 à bord d'une jonque chinoise en compagnie de deux autres missionnaires, Mgr Berneux réussit, avec l'aide de deux convertis dévoués, à pénétrer en Corée, et fut conduit sous un déguisement dans la capitale à bord d'une jonque indigène.

Heureusement pour les missionnaires, il existe en Corée une singulière coutume en ce qui concerne le deuil. Le fils qui a perdu son père ou sa mère est considéré pendant une certaine période comme mort lui-même au monde. Il ne peut ni converser avec personne ni même regarder personne en face. Sa condition est indiquée par un costume spécial dont l'article le plus voyant est un énorme chapeau en forme d'éteignoir qui lui couvre et la tête et la face. L'individu en deuil porte, en outre, à la main un voile ou écran tendu sur deux bâtons. Son costume est tout entier de toile écrue, et il n'a aux pieds que des sandales de paille. Si on lui adresse la parole, il peut refuser de répondre ; et, quand on voyage, il occupe une chambre solitaire dans les auberges isolées. Cette singulière coutume est fort en faveur, comme l'abbé Pichon le remarque, pour « la sainte contrebande des âmes. » C'est grâce à elle que Mgr Berneux et ses compagnons, comme leurs prédécesseurs, furent introduits en sécurité dans les murs de Séoul, où ils furent bientôt rejoints par d'autres missionnaires européens, ce qui ne porta pas le nombre de ceux-ci à moins de dix, établis secrètement sur différents points. L'extrait suivant de Mgr Berneux fait connaître comment les missionnaires s'arrangeaient pour éviter d'être remarqués par leurs ennemis, et quelles étaient les difficultés de leur position. Après avoir décrit les pouvoirs et les immunités des nobles coréens, l'évêque continue :

« La population coréenne se divise en trois classes :

la noblesse, la classe moyenne et le bas peuple (1). Le noble a de nombreux priviléges : c'est un petit roi dans son quartier ou dans son village ; tout lui cède, tout lui obéit, tout lui est permis... Le domicile des nobles est sacré ; le violer serait un crime capital. Aussi un titre de noblesse est-il l'orgueil de celui qui le possède, comme l'objet des rêves d'ambition de celui qui ne l'a pas. Il n'est pas un Coréen qui ne se fît couper dix fois la tête pour acquérir le droit de porter le « koan », bonnet que les nobles seuls portent dans l'intérieur de leur maison. Moi aussi je me suis laissé aller à cette tentation ; j'ai désiré être noble Coréen, afin de pouvoir passer les fleuves et loger dans les auberges sans danger d'être reconnu, et de me mettre à l'abri des visites de la police. Mais, comme il m'eût fallu attendre trop longtemps pour obtenir du gouvernement coréen des lettres de noblesse, je m'en suis délivré à moi-même. J'ai pris toutes les allures d'un noble, à l'exception des coups de bâton et des exactions. J'ai acheté une maison à la capitale. J'ai pris avec moi un chrétien, vrai noble pur sang, et je l'ai installé dans l'appartement ou salon extérieur. Sa femme et ses enfants occupent un des appartements intérieurs, et je me suis logé dans l'autre. Cette famille, aux yeux des personnes du quartier, est propriétaire de la maison, et personne ne pense que dans cette même maison réside un Européen, un évêque. Mais nous devons prendre bien des précautions. Si les nobles ont leurs priviléges, les femmes qui font le petit commerce et les mendiants ont aussi les leurs. Ces femmes peuvent entrer sans

---

(1) D'après le témoignage des missionnaires, l'esclavage existe aussi en Corée.

se faire annoncer dans la cour intérieure ; et, comme ma barbe rousse, mes yeux et mon teint blanc font de moi un personnage qui ne ressemble en rien aux Coréens, je dois me condamner à rester blotti dans ma petite chambre du matin au soir et du soir au matin, sans pouvoir sortir dans la cour, sans ouvrir ma fenêtre, même en été, et sans pouvoir parler, même à voix basse.

» Cette petite chambre est, en réalité, tout mon palais. C'est là que chaque matin, sur un coffre qui me sert d'autel, je célèbre la sainte messe ; qu'assis sur le plancher, les jambes croisées, je travaille, je prends mes deux repas chaque jour et que je reçois les catéchistes par le moyen desquels je communique avec les chrétiens. Car personne, excepté les quatre catéchistes et quelques hommes qui me sont nécessaires, personne parmi les chrétiens n'a la permission de venir chez moi. On ignore, ou du moins on doit ignorer ma maison, ne pas l'enseigner aux autres si on la connaît : toute contravention à ce règlement est punie sévèrement. Malgré tant de précautions, on finit toujours par suspecter ma maison. J'en ai perdu deux ainsi d'un prix assez considérable, et deux autres n'ont pu encore être vendues. »

On peut raisonnablement se demander si les autorités coréennes n'étaient pas, en général, parfaitement au courant des faits et gestes des missionnaires, fermant les yeux jusqu'au moment où l'ordre de rigoureuses mesures de persécution leur viendrait de haut lieu. Les quelques renseignements recueillis et donnés par les missionnaires touchant le mode de gouvernement et les conflits des partis politiques dans la capitale laissent croire que les chrétiens, grâce peut-être à des relations de famille ou encore au besoin de tenir tête à des factions hostiles, n'étaient pas sans avoir des défenseurs à la cour. Tant qu'aucune menace d'agression des partis ne se montrait à l'horizon politique, les convertis, semble-t-il, jouissaient d'une tolérance à peu près égale à celle à eux accordée en Chine avant les traités de 1860. Dans le fait, Mgr Berneux lui-même ne peut s'empêcher de témoigner du degré de liberté laissé aux étrangers par le gouvernement, même au milieu des symptômes défavorables de la part des autorités inférieures.

« Cette année, écrit-il à la fin de 1862, s'est passée péniblement. Quoique le gouvernement semble prendre à tâche de ne pas s'occuper de nous ni de nos chrétiens, nous ne laissons pas d'avoir beaucoup à souffrir. Le sang ne coule pas sous la hache du bourreau, mais on réduit nos néophytes à la misère. La haine des païens et la cupidité des satellites nous ont poursuivis, cette année, avec acharnement. La province de Tieung-Sang, cette belle province, où nous comptions un millier de catéchumènes, est aujourd'hui toute bouleversée... Dans la province de Tieng-Kei, où se trouve la capitale du royaume, six ou sept villages ont été envahis par les satellites, sans ordre des mandarins, les maisons pillées et brûlées, les habitants cruellement battus et traînés en prison. Quelques-uns ont pu se racheter en donnant de l'argent, qu'il a fallu emprunter à gros intérêts, et dont ils seront grevés pour bien des années.

» Malgré toutes les misères que nos chrétiens ont à endurer pour demeurer fidèles à leur foi, le nombre des catéchumènes n'a jamais été si considérable. La province de Hoang-Haï, qui n'avait depuis huit ans que quelques femmes chrétiennes pratiquant la religion à l'insu de leurs maris, nous a fourni cette année un riche contingent : quinze hommes ont déjà reçu le baptême cet automne, et quatre autres viennent d'arriver à la capitale pour obtenir la même grâce. Ce sont des hommes lettrés qui ne se sont décidés à embrasser la foi qu'après en avoir étudié toutes les preuves. »

Un an plus tard, le 24 novembre 1863, Mgr Berneux écrivait encore :

« On se remue de tous côtés, on veut connaître la religion, on lit nos livres, on se convertit. Les hautes classes n'ont plus de mépris pour ceux qui embrassent la religion ; on espère qu'elle va être autorisée comme en Chine. »

La latitude accordée à cette époque aux missionnaires et à leurs adhérents était très-probablement due à l'impression ressentie dans toute l'Asie orientale de l'anéantissement des prétentions chinoises en 1858 et en 1860, et surtout aux traités par lesquels la France et l'Angleterre avaient obtenu les concessions de tolérance pour les chrétiens dans tout l'empire chinois. Malgré la victoire des puissances occidentales, toutefois, il n'en restait pas moins un grand sentiment de défiance à leur égard et à l'égard de l'intrusion étrangère en général. Moins d'un mois après la signature par lord Elgin et le baron Gros des conventions de paix à Pékin, l'ambassadeur de Russie, général Ignatieff, obtenait du prince Kong un traité (à la date du 14 novembre 1860) qui cédait à la Russie l'énorme territoire compris entre le fleuve Amour et l'embouchure du Tu-mên, embrassant une dizaine de degrés de latitude du nord au sud et s'étendant de la côte du Pacifique, à l'est, aux rives de l'Usuri, l'un des principaux affluents de l'Amour.

Cette magnifique annexion aux domaines de la Russie était surtout importante, pour le moment du moins, par les ports qu'elle donnait à celle-ci sur le Pacifique sous une latitude relativement tempérée, où la navigation n'est entravée par les glaces que trois ou quatre mois de l'année. Le golfe le plus méridional de la région nouvellement cédée, situé par 43 degrés latitude nord, renferme de beaux havres et notamment la baie de Passiett, où une grande ville militaire et commerciale a surgi sur un point où se rencontrent à la fois les frontières de la Russie, de la Chine et de la Corée. A 90 ou 100 kilomètres plus au nord est le port encore plus important de Vladivostock ou Port-Maï, qui, dans ces derniers mois, a été mis en communication télégraphique avec l'Europe par le câble sous-marin de la Chine, et qu'on a érigé en chef-lieu gouvernemental des provinces de l'Amour, à la place de la station comparativement éloignée et inaccessible de Nicolaïevsk, ou, à la fin de la guerre de Crimée, les établissements russes avaient été transférés de leur site kamtchadale primitif.

Les agents du czar avaient à peine eu le temps de jeter un coup d'œil sur les traits les plus saillants de leur nouvelle acquisition, que déjà l'utilité de celle-ci comme base de mesures ultérieures d'agression contre le Sud était commentée. « En nous établissant solidement ici, écrivait en 1864 un géographe sibérien, nous affirmons la possession par la Russie de la côte nord tout entière de la mer du Japon jusqu'à l'embouchure de l'Amour déjà cédée par le traité. Ayant en main des forces suffisantes, nous pourrions commander la

Corée, pays faible, mais jusqu'à présent inaccessible, destiné à son tour, comme d'autres pays décrépits de l'Orient, à céder aux idées occidentales (1). »

Avec des villages coréens en face de Passiett, sur la rive opposée du Tu-mên, il était vraiment impossible que la Russie ne se trouvât pas bientôt dans la nécessité réelle ou fictive d'ouvrir des relations avec le royaume contigu. La correspondance de Mgr Berneux nous montre la cour de Séoul fort tourmentée, vers la fin de 1865, en apprenant que des vaisseaux russes étaient entrés dans un des ports de la côte nord-est de Corée, apportant des propositions pour la conclusion d'un traité de commerce.

Quelque temps avant cette époque toutefois, il s'était passé un événement encore plus intéressant pour le peuple et le gouvernement de la Corée. Le roi était mort en janvier 1864, « comme meurent tous les rois de ce pays, écrit Mgr Berneux, des excès d'une vie licencieuse ; » et le digne évêque ajoute : « Personne ne l'a regretté. Il aimait pourtant son peuple ; mais trop faible pour résister aux hommes dont il subissait la tutelle et qui par leur cupidité réduisaient le peuple à la misère, il fermait les yeux sur les abus de leur administration. Comme ce prince est mort sans postérité, le pouvoir s'est trouvé dévolu à une femme, veuve d'un des rois précédents, la reine Tsio. Le jour même de son avénement, elle a adopté un enfant de douze ans, fils d'un prince coréen, et a confié le gouvernement au père du jeune roi.

» Cet homme n'est ni hostile à la religion, qu'il sait être bonne, ni aux missionnaires, qu'il connaît

---

(1) *London and China Telegraph*, 28 mai 1866.

sous des rapports très-favorables. La femme du régent, mère du roi, connaît la religion ; elle a appris une partie du catéchisme, récite chaque jour quelques prières, et m'a fait demander des messes d'actions de grâces pour l'avénement de son fils au trône. Mais d'un caractère sans énergie, craignant maintenant plus que jamais de se compromettre, elle ne nous rendra aucun service, et je doute qu'elle se fasse chrétienne.

» La reine régente appartient à la famille des Tcho, célèbre en Corée par sa haine contre les chrétiens ; elle est la fille et la mère de deux de nos plus grands ennemis, les fauteurs de la persécution de 1839... De cet amalgame de personnes favorables et de personnes hostiles, que pouvons-nous attendre ? Je n'en sais rien encore. A la troisième lune, plusieurs pétitions adressées au gouvernement demandaient qu'on ramenât le royaume à la pureté des anciens usages et qu'on détruisît la religion chrétienne jusque dans ses racines. »

Des mois se passèrent pendant lesquels les missionnaires continuèrent à être agités alternativement d'espoir et de crainte ; et les communautés chrétiennes à être pressurées de temps à autre par les fonctionnaires inférieurs jusqu'à ce que l'apparition d'un négociateur russe, comme il a été dit plus haut, vînt jeter l'alarme dans tout le royaume. Le régent, après une période de crainte et d'indécision, semble avoir prêté une oreille favorable aux représentations à lui faites par des convertis influents qui conseillaient de recourir aux missionnaires pour se tirer des mains des entreprenants étrangers. Il finit par dépêcher un émissaire à l'évêque pour le sonder dans cette occurrence ; Mgr Berneux évidemment n'était pas de l'étoffe des Ricci, des Verbiest et des Schall, non plus que de celle d'autres missionnaires diplomates éminents, quoique moins connus, du dix-septième siècle. Une occasion unique d'obtenir pour la première fois la reconnaissance officielle et le patronage du gouvernement que ceux-ci auraient saisi d'un bond, le vicaire apostolique la laissa échapper presque sans s'y arrêter. Tout ce qui paraît avoir préoccupé Mgr Berneux dans cette circonstance, c'était de trouver une excuse à son refus de répondre aux ouvertures qui lui avaient été faites.

« Le régent n'ignore pas, écrit-il en janvier 1866, que nous sommes ici huit Européens, et il s'est même entretenu spécialement de l'évêque avec un mandarin païen de ma connaissance. Voici à quelle occasion. Il venait de recevoir une lettre de quelques Russes demandant à faire le commerce en Corée, et dit au mandarin que, si je pouvais le débarrasser de ces étrangers, il nous accorderait la liberté religieuse. J'ai fait répondre que, malgré tout mon désir d'être utile au roi, n'étant ni de la même nation ni de la même religion que les Russes, je ne pouvais avoir sur eux aucune influence. Je redoutais autant que personne, ajoutai-je, le danger dont le royaume était menacé de la part de ces hommes qui, tôt ou tard, finiraient par s'établir sur le territoire coréen ; mais le refus constant du gouvernement de se mettre en rapport avec les puissances européennes, refus que je m'abstenais de blâmer, ne laissait aucun moyen de conjurer le danger. »

Sans doute il faut savoir gré à Mgr Berneux, s'il se croyait sincèrement incapable d'exercer aucune influence sur « les quelques Russes demandant à faire le commerce en Corée, » d'avoir refusé si péremptoirement son intervention. Mais un négociateur, dans sa position, doué d'un peu de ce tact et de cette habileté dont tant de ses collègues ont fait si souvent preuve, aurait peut-être pu réussir à convaincre les envoyés russes que leur retraite, en attendant le développement spontané de sentiments plus libéraux en Corée, serait le plus sûr moyen d'atteindre le but qu'ils avaient en vue. Pareille idée toutefois n'entra pas, paraît-il, dans l'esprit du vicaire apostolique, et le renversement des espérances du régent sous ce rapport semble avoir amené les funestes résultats qui ne tardèrent pas à s'ensuivre. Pendant quelque temps après les ouvertures faites à Mgr Berneux, des conférences eurent lieu, dit-on, entre le régent et quelques-uns des principaux convertis, et le bruit se répandit que l'heure de la liberté religieuse était sur le point de sonner. L'évêque et son coadjuteur, Mgr Daveluy, furent appelés à la capitale par leurs amis indigènes ; mais à peine étaient-ils arrivés que des nouvelles décourageantes surgirent sur les dispositions du régent, et que de sérieuses inquiétudes succédèrent bientôt aux espérances entretenues.

Les alarmes du régent, comme le suggère le biographe de Mgr Berneux, se dissipèrent-elles par la retraite des Russes de la côte coréenne ? De nouvelles résolutions furent-elles prises pour maintenir les anciennes lois du royaume ? Ou bien, comme on l'affirma plus tard, reçut-on des conseils de Pékin contre les empiétements des missionnaires ? Ce sont là autant de questions non résolues. Ce qu'il y a de certain, c'est que, le 23 février 1866, Mgr Berneux fut tout à coup saisi dans sa propre résidence, enchaîné et conduit dans la prison commune ; au même moment nombre de chrétiens furent arrêtés, tandis que des recherches actives furent faites, et bien vite couronnées de succès, pour s'emparer des autres missionnaires. Le 26 février Mgr Berneux comparut devant le régent en personne, assisté de son fils aîné et de quatre juges.

Il est superflu d'entrer ici dans le détail des insultes et des tortures subies par le prélat martyrisé, et racontées par son biographe, sur la foi de deux chrétiens indigènes qui assistèrent au procès comme faisant partie du corps de soldats commandés pour la circonstance. Si précises que soient ces dépositions quant aux réponses faites par le vénérable prisonnier aux interrogatoires de ses juges, elles ne jettent que peu ou point de lumière sur les motifs de son arrestation et du crime de sa condamnation. Après qu'on eut demandé à Mgr Berneux son pays, les moyens employés par lui pour pénétrer en Corée, le nombre des missionnaires et des convertis, etc., on lui posa la question significative suivante :

« Si l'on vous disait de vous en aller, retourneriez-vous dans votre pays ?

— Non, répondit l'évêque, à moins que je n'y fusse contraint par la force. »

Bientôt après cette réponse qui était une espèce de défi, la torture fut appliquée au prisonnier (sans succès, pas n'est besoin de le dire) pour lui faire déclarer les noms et les demeures des nouveaux convertis ; après quoi la malheureuse victime, dans un état pitoyable, fut reconduite en prison pour y attendre la mort.

Trois jeunes missionnaires, également Français, MM. de Bretenières, Beaulieu et Dorie, furent bientôt après amenés dans la même geôle, et le 8 mars 1866 ces captifs et Mgr Berneux furent conduits à la place des exécutions, plaine sablonneuse, appelée « Saï-nam-to, » située sur les bords de la rivière, à une lieue de la capitale. Là, après qu'en présence d'une foule immense on les eut détachées des chaises sur lesquelles on les avait transportées et qu'on les eut presque entièrement dépouillées de leurs vêtements, les infortunées victimes furent égorgées. Mgr Berneux mourut le premier au troisième coup de sabre du bourreau.

Trois jours plus tard, deux autres missionnaires, MM. Petit-Nicolas et Pourthié, subirent le même sort près de la ville de Hang-yang ; tandis que le coadjuteur, Mgr Daveluy, avec l'abbé Huin et un autre missionnaire, M. Aumaître, tombèrent l'un après l'autre aux mains de leurs actifs persécuteurs et furent également mis à mort le 30 mars. En même temps des mesures de répression impitoyables furent prises contre les chrétiens indigènes.

IV.

Deux évêques et sept missionnaires ayant péri de la sorte, il ne restait plus en Corée que trois missionnaires français, MM. Ridel, Calais et Féron, dont la position demeura longtemps pleine d'incertitude. L'un d'eux, devenu aujourd'hui évêque, Mgr Ridel, désigné pour succéder à l'évêque martyrisé, réussit à rejoindre ses deux collègues dans un des districts méridionaux de la Corée. Tous les trois passèrent six semaines cachés dans la hutte d'une pauvre veuve chrétienne, dans un réduit où ils avaient à peine assez de place pour s'étendre, et d'où ils n'osaient sortir que la nuit pour respirer un peu d'air frais. Il fut décidé à la fin que Mgr Ridel passerait en Chine pour porter la nouvelle des événements survenus. Ayant réussi à gagner la côte, le fugitif put s'embarquer sur une jonque microscopique montée par onze chrétiens indigènes. Après sept jours de traversée, il atteignit Chefoo, un des ports ouverts par le traité au commerce étranger, et situé sur le grand promontoire de Shantong, immédiatement en face de la côte coréenne. Débarqué le 6 juillet 1866, il se rendit immédiatement à Tien-tsin, où le commandant de la station navale française, l'amiral Roze, se trouvait justement.

La nouvelle de ce qui s'était passé fut aussitôt envoyée au chargé d'affaires à Pékin, M. Henri de Bellonet, qui, malheureusement pour les intérêts français, avait apporté dans la diplomatie les rudes coutumes et le langage peu mesuré des zouaves d'Afrique, où il avait servi au début de sa carrière. Le 13 juillet, M. de Bellonet, adressait au prince Kong, chef du ministère chinois des affaires étrangères, une dépêche dont l'extrait suivant contient la partie principale :

« J'ai le regret de porter officiellement à la connaissance de Votre Altesse impériale un crime horrible commis dans le petit royaume de Corée, autrefois vassal de l'empire chinois, mais que cet acte de barbarie sauvage en a pour jamais séparé.

» Dans le courant du mois de mars dernier, les deux évêques français qui évangélisaient la Corée, et avec eux neuf missionnaires, sept prêtres coréens et une multitude de chrétiens des deux sexes et de tout âge, ont été massacrés par ordre du souverain de ce pays.

» Le gouvernement de Sa Majesté ne peut permettre qu'un si sanglant attentat demeure impuni. Le jour où le roi de Corée a mis la main sur mes malheureux compatriotes a été le dernier de son règne ; il en a lui-même proclamé la fin, qu'à mon tour je déclare solennellement aujourd'hui. Dans quelques jours nos forces militaires iront s'emparer de la Corée, et l'empereur, mon auguste souverain, seul a maintenant le droit et le pouvoir de disposer, selon son bon plaisir, du pays et de son trône vacant (1). »

Deux ou trois jours après, le prince Kong répondait en termes très-courtois : « Comme la Corée est un pays lointain, situé dans un coin isolé et qu'elle a, on le sait, toujours strictement maintenu ses propres lois, j'ignore complètement ce qui a pu amener les autorités à mettre à mort ces missionnaires et ces chrétiens. Toutefois je suis sensible aux sentiments amicaux qui ont conduit Votre Excellence à me communiquer les raisons du gouvernement français pour envoyer des forces contre le pays. » Le prince terminait en suggérant qu'une enquête préliminaire ne serait pas hors de propos avant de recourir à la force des armes.

Pendant ce temps, M. de Bellonet, de sa propre autorité et sans attendre les instructions de Paris, avait décidé que les forces navales françaises iraient immédiatement envahir la Corée, et l'amiral Roze était requis de prendre des mesures en conséquence.

Juste à ce moment, toutefois, arriva des possessions françaises de Cochinchine la nouvelle d'une insurrection parmi les indigènes, et l'escadre française fut obligée de se diriger en hâte vers le sud pour protéger Saïgon. Plusieurs mois s'écoulèrent avant qu'elle pût reparaître dans les eaux chinoises, mais vers la fin de septembre 1866 l'amiral Roze arriva à Chefoo avec la frégate *la Guerrière*, les corvettes *le Primauguet* et *le Laplace* et les canonnières *le Kien-chan*, *le Deroulède*,

---

(1) *United States Diplomatic Correspondence*, 1867, vol. I, p. 420.

le Breton et *le Tardif*. Les deux missionnaires, MM. Féron et Calais, restés en Corée au départ de M$^\text{gr}$ Ridel, avaient dans l'intervalle réussi à s'échapper, apportant la nouvelle que les persécutions continuaient toujours contre les convertis indigènes.

Les canonnières *le Tardif* et *le Deroulède* furent détachées pour étudier préalablement les approches de la rivière vers la capitale coréenne. Après avoir franchi l'embouchure du Han, qu'elles trouvèrent sans défense, elles remontèrent tranquillement le cours pendant une centaine de kilomètres jusque vers les murs de Séoul. Là elles jetèrent l'ancre pendant quelques heures rapidement employées par les officiers à des relevés dydrographiques, tandis que la moitié de la population de la ville se pressait sur la rive, regardant curieusement ce spectacle inaccoutumé. Aucune tentative d'insulte ne fut faite aux navires, bien qu'ils eussent dépassé plus d'une fois des forts commandant la rivière. Enfin les canonnières rebroussèrent chemin après avoir achevé leur mission d'exploration. On se convainquit que des bâtiments d'un tirant d'eau modéré pouvaient parfaitement arriver sous Séoul; mais, chose moins agréable au point de vue nautique, on constata que les marées, dans la rivière du Han, atteignaient des hauteurs prodigieuses avec des courants d'une force inusitée.

Le 11 octobre, l'amiral Roze partit de Chefoo avec son escadre entière, et deux jours après il jetait l'ancre en face d'une île désignée dans le relevé français sous le nom d' « île Boisée, » à l'embouchure de la rivière venant de Séoul. A cette même embouchure est le grand réseau d'îles formant le district de Kianghwa ou Kang-hoa et comprenant la ville de ce nom.

Là, sans aucune communication préalable avec le gouvernement coréen, un débarquement fut opéré le 14 octobre, et les troupes se mirent en marche pour attaquer la ville. Après quelques escarmouches sans résultat fâcheux pour les Français, Kang-hoa fut escaladé et trouvé presque entièrement abandonné de ses habitants. Des lingots d'argent pour une valeur d'environ 190,000 francs furent découverts dans le trésor et légitimement saisis par droit de conquête, ainsi que quelques curieux spécimens en fait de métaux travaillés et de tissus indigènes qui garnissaient la résidence royale existant *intra muros*.

A cette époque, les institutions du pays étaient devenues si peu guerrières, et le régent, malgré son implacable résolution d'alors et d'aujourd'hui de refuser tout rapport avec les étrangers, était si peu préparé à faire face à une invasion, que les seules forces dont il disposait pour résister à l'expédition française ne se composaient que de quelques corps de soldats recrutés dans les forêts du Nord, où leur métier de chasseurs les avait familiarisés avec les armes à feu et avec le danger. Huit canons démontés, un approvisionnement de poudre et de fusils sans valeur constituèrent toutes les munitions de guerre découvertes à Kang-hoa, et il n'est pas douteux que, si le petit corps français de cinq ou six cents hommes avait poussé en avant, il ne fût entré dans la capitale avec aussi peu de difficulté qu'il en avait eu à s'emparer de Kang-hoa.

La prudence néanmoins s'opposait à ce qu'on se lançât à ce point dans un pays inconnu, avec la perspective de trouver le gouvernement déménagé dans l'intérieur, alors même qu'on eût atteint heureusement la capitale. Dans la situation embarrassante où l'on était, bienvenue sans doute fut la dépêche vague arrivée quelques jours après d'un général coréen, qui annonçait le désir de négocier avec le commandant français et de savoir quels étaient ses desseins. On répondit à cette communication qu'on demandait la punition des trois ministres qui avaient conseillé l'exécution des missionnaires et la nomination de plénipotentiaires avec lesquels l'amiral Roze pût traiter. Mais un jour ou deux après l'envoi de cette lettre, il devint évident que les Coréens ne voulaient que gagner du temps et que de nombreuses levées se faisaient pour entourer et anéantir la poignée d'hommes dont se composaient les envahisseurs.

Des corps d'armées commencèrent à se montrer sur la rive opposée du fleuve, d'où la distance par terre à la capitale n'est là que de 20 à 25 kilomètres.

Le 26 octobre, une reconnaissance envoyée dans cette direction tomba dans une embuscade et dut se retirer avec des pertes considérables. Une troupe plus forte débarquée le lendemain n'eut pas plus de succès. En avançant contre une ligne d'ouvrages où l'on supposait les Coréens logés, les Français se trouvèrent tout à coup devant cinq ou six cents soldats qui les accueillirent par un feu roulant. Trente-cinq Français furent blessés, y compris trois officiers, et comme on n'avait pas d'artillerie, on fut forcé de battre en retraite, non sans avoir rendu avec usure aux Coréens ce qu'on avait reçu d'eux.

Reconnaissant la tâche entreprise par lui absolument au-dessus des moyens dont il disposait, l'amiral Roze revint à Chefoo, où il trouva des instructions du gouvernement français qui ne s'accordaient pas du tout avec la décision précipitée prise par le chargé d'affaires à Pékin.

La joie des Coréens à l'occasion de ce triomphe sur les premiers Européens qui eussent envahi leur sol sacré peut facilement s'imaginer. Il est pénible d'avoir à mentionner qu'à une date postérieure à l'entier abandon de l'expédition française, M. de Bellonet continuait à envoyer au gouvernement chinois des dépêches menaçantes. Le 11 novembre 1866, après avoir accusé le gouvernement chinois de complicité dans le meurtre des missionnaires et d'encouragement aux sentiments hostiles des Coréens, le ministre français écrivait :

« Je dois, en terminant, porter à la connaissance de Votre Altesse impériale que, les opérations militaires une fois commencées, comme elles le sont aujourd'hui, je ne puis les arrêter avant d'avoir atteint le but que nous nous sommes proposé. Toute tentative de conciliation serait maintenant inutile, à moins que le ci-devant roi de Corée ne se rende à discrétion et n'implore la pitié de l'empereur, notre auguste souverain, en s'en remettant à sa générosité. C'est à Votre Altesse impériale de voir si elle peut donner cet avis au gouvernement coréen (1). »

Le ministre chinois des affaires étrangères, fort inquiet de la réception de ces communications belliqueuses, finit par les soumettre aux divers représentants européens à Pékin, comme aussi au ministre des Etats-Unis, par le gouvernement duquel elles ont été publiées plus tard. Il est juste d'ajouter pour le gouvernement de Napoléon III qu'il désapprouva et le langage et les actes de M. de Bellonet, et que cet agent diplo-

---

(1) *United States Diplomatic Correspendence*, 1867, vol. I, p. 423.

matique fut rappelé ; mais cette correspondance n'en fut pas moins employée adroitement l'année suivante par M. Burlingame, le ministre d'alors des Etats-Unis à Pékin, comme une des raisons à sa nomination (avec un traitement immense) en qualité d'ambassadeur de la Chine auprès des puissances occidentales.

V.

Pendant ce temps, par une singulière coïncidence, la même année qui avait vu le massacre des missionnaires avait été marquée par un évènement tendant à fixer sur la Corée l'attention d'autres gouvernements encore que celui de la France. A diverses reprises, pendant les années précédentes, des bâtiments européens avaient fait naufrage sur les côtes de Corée et leurs équipages avaient été traités, sinon d'une façon hospitalière, du moins avec humanité, bien que placés sous des restrictions jalouses tant qu'ils étaient restés sur le territoire coréen. En juin 1866, le schooner américain *la Surprise* fit naufrage sur une île près de la côte nord-occidentale, et son équipage ayant gagné la terre ferme en sûreté, fut gardé vingt-quatre jours sous la surveillance d'un village de pêcheurs en attendant que des instructions arrivassent de la capitale aux fonctionnaires du lieu. Pendant ce temps, les naufragés furent abondamment pourvus de nourriture et même de médicaments pour les malades, et ils finirent à être envoyés sous escorte aux frontières de la Chine, ayant toutes raisons d'être satisfaits de la manière dont ils avaient été traités pendant leur fastidieux voyage. Une fois sur le territoire chinois, ce fut autre chose : loin de trouver le même bon vouloir, ils ne rencontrèrent que privations et mauvais traitements.

En août de la même d'année, le steamer britannique *Emperor* fut envoyé à titre d'expérience sur les côtes de Corée par une maison de commerce de Shanghaï et ce navire pénétra jusqu'à une courte distance de la capitale. Les fonctionnaires coréens qui le visitèrent ne trahirent aucun symptôme d'hostilité, mais un ordre arriva du régent de ne permettre aucun rapport commercial avec les étrangers et la proposition faite par le capitaine de « conclure un traité » fut poliment refusée. Il ne fut pas question durant cette visite du meurtre récent des missionnaires.

En même temps que cette entreprise, une autre tentative pour triompher des rigueurs de l'exclusivisme coréen se faisait dans une autre direction. Le jour même que l'*Emperor* remontait la rivière de Séoul, un schooner américain, *le Général-Sherman*, quittait mystérieusement le port de Chefoo pour la Corée. Son voyage, destiné à une triste fin et à de graves résultats définitifs, était une tentative faite par un négociant anglais de Tien-tsin (qui occupait aussi le poste de consul des Etats-Unis dans ce port). Il avait une cargaison de marchandises spécialement choisies pour les besoins des Coréens. A bord du *Général-Sherman* étaient trois citoyens des Etats-Unis : son propriétaire, M. Preston, avec le patron et le second, MM. Page et Wilson ; il s'y trouvait en outre deux sujets anglais, le subrécargue M. George Hogarth et le révérend M. Thomas, jeune missionnaire de grand avenir comme linguiste, qui, possédant déjà remarquablement bien le chinois, avait acquis quelques connaissances de coréen et avait antérieurement visité les îles de la côte de Corée sur une jonque indigène. Il y avait en outre un équipage de quinze ou vingt Malais.

Bien qu'avant de quitter Chefoo toutes ces personnes eussent eu parfaitement connaissance du massacre des missionnaires français, elles n'hésitèrent pas à poursuivre leur voyage, et le navire remonta le cours du P'ing-jang durant quatre marées successives. Plusieurs semaines se passèrent sans qu'on entendît parler du *Général-Sherman* lorsqu'à la fin, à l'arrivée des canonnières françaises chargées d'explorer la rivière de Séoul, un indigène converti se rendit près du Père Ridel et lui apprit qu'un bâtiment étranger récemment entré dans le P'ing-jang avait été incendié avec tout son personnel à bord par ordre du régent. Cette triste nouvelle fut ensuite confirmée par le pilote chinois qui avait piloté le navire dans la rivière jusqu'à une certaine distance, mais qui l'avait prudemment quitté en découvrant le danger dont il était menacé. Toutes les informations reçues à ce moment et plus tard confirmaient que *le Général-Sherman* était resté à sec sur un point à quelque distance de l'embouchure, après être sorti du chenal à la marée haute ; que les Européens qui le montaient avaient d'abord été bien reçus en apparence, avec promesse de commerce ; mais qu'après des retards traîtreusement calculés (les fonctionnaires locaux ayant pendant ce temps reçu des instructions de la capitale), quelques-uns des passagers européens avaient été attirés à terre sous prétexte de négociations à entamer, puis immédiatement saisis et massacrés. Au même instant une forte troupe de soldats coréens avait entouré le navire ensablé, avait empilé des broussailles le long de ses flancs et y avait mis le feu, détruisant du même coup avec lui toutes les personnes restées à bord.

La nouvelle de cet acte effroyable de barbarie fut

bientôt communiquée au ministre des Etats-Unis à Pékin, et, à la requête de celui-ci, la corvette *le Wachusetts* fut envoyée s'enquérir de ce qui était arrivé. Une lettre adressée à son commandant par ordre du gouvernement coréen, mais reçue seulement en 1868, lors d'une seconde visite faite à la côte, admettait la destruction du *Général-Sherman*, en rejetant toutefois le blâme sur les gens qui le montaient. Ces malheureux étaient accusés d'avoir arrêté et détenu un haut fonctionnaire coréen et d'avoir « réduit en pièces avec leur canon » les jonques de commerce indigènes, actes qui avaient exaspéré la multitude au point de lui faire, directement et non par les ordres de l'autorité, incendier le navire et le personnel à bord. Cette histoire, absolument incroyable, fut plus tard répétée à la commission d'enquête instituée par le gouvernement chinois à la requête du représentant des Etats-Unis.

L'attention ayant été ainsi attirée sur la Corée par ces divers événements, un nouvel incident survint en 1868 qui amena assez étrangement la récente démonstration des Américains contre ce pays. Au mois de mai de cette même année, un steamer sous pavillon allemand revenait à Shanghaï après un voyage en Corée, voyage dont le but, longtemps tenu secret, finit par être éventé. Un M. Jenkins, fils du vice-consul d'Amérique (ci-devant missionnaire) à Shanghaï et lui-même longtemps interprète consulaire, s'était rendu avec le steamer *China* sur un point peu éloigné de la capitale coréenne en compagnie d'un prêtre français et d'un commerçant besogneux de Hambourg nommé Oppert, dans le dessein de fouiller le site d'une sépulture royale désignée par le prêtre et d'en soustraire un cercueil d'or contenant les restes d'un ancien souverain. Outre sa valeur intrinsèque, la possession de ce trésor, devait, prétendait l'associé de M. Jenkins, assurer le consentement des Coréens à tout ce qui leur serait demandé.

Un grand nombre de Chinois et de Manilliens composaient les forces de cette expédition de flibustiers. En atteignant le lieu désigné, tout ce monde bien armé se mit à la recherche du trésor. Mais l'alarme fut donnée, les villageois coréens se levèrent en masse et les profanateurs furent reconduits à toute vitesse à leur navire avec une perte d'un ou deux des leurs. Revenue à Shanghaï, l'expédition du *China* ne fut plus longtemps un secret pour personne, et son chef, le digne M. Jenkins, fut arrêté par les ordres du consul général des Etats-Unis, M. Seward, sous la prévention d'avoir violé les lois de neutralité des Etats-Unis, mais fut acquitté dans la forme.

Il y avait longtemps, depuis l'affaire du *China*, qu'on n'entendait plus parler de la Corée quand, vers la fin de 1870, le bruit commença à se répandre que le gouvernement de l'Union américaine organisait de ce côté une mission diplomatique appuyée d'une force navale considérable. Lorsque parurent en décembre de cette même année les documents soumis au Congrès, on sut alors officiellement qu'une longue correspondance avait été échangée depuis un certain temps relativement à ce sujet.

Cette correspondance avait débuté par une dépêche écrite en 1868 par M. Seward, annonçant à son gouvernement, sur l'autorité du susdit M. Jenkins, l'arrivée à Shanghaï d'ambassadeurs coréens chargés, disait M. Jenkins, de s'enquérir avec qui il comptait visiter la Corée en vue de prendre des arrangements pour l'envoi aux Etats-Unis d'une ambassade coréenne. Ce conte dépourvu de probabilité ne parut pas avoir éveillé de soupçons dans l'esprit de M. Seward, et aucun empêchement ne fut mis à la fameuse expédition de M. Jenkins, dont on a vu le résultat. Le consul général décrivait plus tard en grands détails à ses supérieurs de Washington les avantages que, dans son opinion, l'ouverture de la Corée au commerce étranger ne manquerait pas d'assurer. Mais au mois de juillet son devoir l'obligeait à expliquer que la prétendue ambassade avait été un mythe et que M. Jenkins et ses associés n'avaient réellement fait qu'une entreprise de violation de sépulture, ou, comme il l'écrivait officiellement, « une tentative pour enlever de leurs tombes les restes d'un ou plusieurs souverains de la Corée en vue, semble-t-il, d'en tirer rançon » (1).

Humilié pour ne pas dire plus, de la position où se trouvaient les Etats-Unis à la suite de cette entreprise déloyale, le gouvernement de Washington se prit à songer aux avis antérieurs donnés par M. Seward. Il fut décidé qu'une force navale serait dépêchée en Corée, et le ministre des Etats-Unis à Pékin, M. F.-F. Low, fut chargé de l'accompagner, avec pleins pouvoirs pour entamer des négociations. Le but à atteindre était la conclusion, si c'était possible, d'un traité de commerce, et, en cas d'impossibilité, une convention dans l'intérêt des marins américains naufragés ; enfin le ministre devait, tout en maintenant le droit des Etats-Unis à une protection pour leurs marins, éviter

---

(1) *United States Diplomatic Correspondence*, 1870.

tout conflit armé, « à moins qu'il ne pût le faire sans déshonneur. »

Aucune communication ne paraît avoir été faite aux puissances européennes touchant l'expédition projetée, malgré l'intérêt évident qu'y avaient toutes les nations maritimes. Il faut en conclure que le gouvernement américain tenait à se réserver tout l'honneur d'ouvrir la Corée au commerce du reste du monde. Les moyens employés, toutefois, n'étaient pas à la hauteur du but. L'escadre, placée sous les ordres de l'amiral Rodgers, se composait d'une lourde frégate, *le Colorodo*, bâtiment du plus vieux type ; de deux belles corvettes, *la Benicia* et *l'Alaska*, dont le seul défaut — fatal dans ce cas particulier — était un trop grand tirant d'eau ; de deux canonnières blindées à roues, et d'un petit bâtiment de servitude autrefois employé comme remorqueur. L'escadre entière portait treize cents hommes, mais elle était mal pourvue d'équipements de débarquement et même d'armes se chargeant par la culasse.

A leur arrivée dans les eaux de la Chine, les officiers américains regardèrent d'un œil d'envie la flottille britannique, composée de bâtiments légers et de faible tirant, comme il leur en aurait fallu pour leur expédition. Le concours des forces navales anglaises eût sans doute été bien accueilli quand on vit de plus près les difficultés de l'entreprise ; mais, en l'absence de concert préalable entre les gouvernements, il ne fallait pas naturellement songer à une coopération.

Après de nombreux retards dus à des causes étrangères, le plénipotentiaire des Etats-Unis, M. Low, atteignit enfin la côte de Corée à bord du bâtiment amiral, et l'escadre prit position, à la fin de mai 1871, au même mouillage qu'avaient occupé en 1866 les navires de l'amiral Roze. Quelques fonctionnaires indigènes secondaires se montrèrent bientôt après. Informé par les interprètes de M. Low de l'objet de son arrivée, ils reçurent en même temps l'avis qu'après un délai suffisant pour que la nature pacifique de la mission fût connue, les chaloupes à vapeur de l'escadre remonteraient la rivière pour l'étudier.

En conséquence, le premier jour, quatre chaloupes et les deux bâtiments à moindre tirant d'eau de l'escadre remontèrent la rivière. En atteignant le point où celle-ci se rétrécit, à 20 kilomètres environ de l'île Boisée, la flottille fut tout à coup accueillie par une canonnade formidable des batteries commandant le chenal. Non préparés pour une collision, et heureusement non atteints par le tir maladroit des Coréens, si nourri qu'il fût, les Américains rendirent vigoureusement le salut avec leurs obusiers, et après une action d'un quart d'heure les batteries indigènes étaient évacuées par leurs défenseurs, qui y laissèrent trente morts, tandis que les Américains n'eurent que deux matelots de blessés. La petite force expéditionnaire se retira alors du mouillage, et après avoir attendu vainement dix jours l'explication de cette attaque perfide, un débarquement fut opéré pour tirer vengeance de l'insulte faite au pavillon des Etats-Unis. Neuf cent quarante-cinq hommes déposés sur l'île de Kang-hoa marchèrent à l'attaque des batteries qui avaient ouvert le feu sur la flottille.

Bien que défendues par une troupe nombreuse de Coréens, dont la solidité, soit dit en passant, fit l'admiration des assaillants, les batteries furent enlevées sans difficulté après avoir essuyé le feu d'une demi-douzaine d'obusiers, et la citadelle, ouvrage situé au sommet d'une éminence de rochers, fut emportée à la baïonnette, après un effroyable carnage fait de sa garnison par l'artillerie américaine. Trois tués et sept blessés représentaient toute la perte des assaillants, tandis que du côté des Coréens on compta, après l'action, quatre ou cinq cents morts. Quoique en vue de la ville de Kang-hoa, les Américains victorieux ne furent pas tentés de suivre l'exemple des Français en s'emparant de cette place. Après avoir détruit les batteries, l'amiral Rodgers ramena ses troupes à ses navires.

Le seul résultat de ce coup de vigueur de la marine de l'Union et des ouvertures de M. Low fut une communication dans laquelle le régent disait laconiquement aux Américains qu'aucune persuasion ne lui ferait changer sa résolution de maintenir le droit d'exclusion sur ses domaines : « Que voulez-vous ? écrivait-il. Notre pays ? Cela ne se peut pas. — Des relations avec nous ? Cela ne se peut pas davantage. » Là-dessus, après un séjour de trois autres semaines au mouillage de l'île Boisée, l'escadre américaine, absolument incapable de pousser plus loin dans l'intérieur, vira de bord et quitta les eaux de la Corée, comme l'avait fait l'amiral Roze en 1866.

Deux des plus puissantes nations de l'Occident ont ainsi croisé le fer avec la Corée, et il faut admettre, si l'on compare leurs prétentions primitives aux résultats obtenus, que leur échec a été complet. L'arrogance des Coréens s'en est accrue d'une façon incommensurable ; on l'a pu voir par l'attitude vis-à-vis des étrangers de leurs dernières ambassades annuelles à Pékin. La tâche de faire entrer la Corée dans le cercle des obligations internationales, bien que devenue plus nécessaire que jamais après les échecs éprouvés en ce sens, est, par cela même, de plus en plus difficile. Il est impossible cependant que les puissances maritimes puissent tolérer plus longtemps un état de choses qui met en péril la vie de leurs marins, que les vents contraires peuvent jeter sur cette côte inhospitalière.

Les nombreux accidents inhérents à la navigation suffisent pour rendre illusoires les prétentions de la Corée à se séquestrer de tout rapport avec le reste du monde. Mais une question plus grave que celle même de forcer la Corée au respect des usages civilisés, si outrageusement mis à néant dans l'affaire du *Général-Sherman*, c'est l'impression fâcheuse produite en Chine par ce que l'on y considère comme la défaite d'une invasion étrangère. Les propensions hostiles à l'égard des nations européennes, qui se sont fait jour le 21 juin 1870 dans l'horrible massacre de Tien-tsin, sont surtout nées, croit-on, de la malheureuse issue de la campagne de l'amiral Roze en Corée. L'échec encore plus éclatant de l'expédition américaine entreprise pour faire entrer la Corée dans le concert des nations, objet pour lequel l'assistance de la Chine a été demandée en vain, n'est que trop vraisemblablement appelé à accroître la tendance si vivement manifestée naguère du gouvernement de Pékin à résister aux demandes d'exécution des clauses du traité.

Il est éminemment désirable que le prestige occidental, sérieusement entamé par ces deux expéditions avortées, soit rétabli dans un pays où le prestige n'est autre chose que l'ombre projetée par la force qui l'appuie et qui seule est la sauvegarde de la propriété et de la vie des gens. Il est également nécessaire qu'on obtienne quelque sécurité pour le traitement convenable des marins naufragés qui, avec le développement du commerce dans ces lointains parages, sont fatalement de temps à autre jetés sur les côtes de Corée. On ne peut guère compter que sur le hasard ou le temps pour triompher de cette politique antipathique à toute relation avec le reste du monde qu'observe si jalousement le gouvernement despotique de la Corée, ou sur quelque occasion favorable que saisira la Russie pour s'emparer de ce territoire qu'elle convoite. Mais, d'un autre côté, ceux qui s'intéressent au légitime développement du commerce européen et de la navigation dans l'Asie orientale, aussi bien que ceux qui n'envisagent la question qu'au point de vue purement philanthropique, nourrissent l'ardent espoir que des mesures bien concertées pourront être adoptées, avant qu'il soit longtemps, aussi bien pour protéger le peuple coréen contre la violence et l'oppression que pour lui ouvrir des relations profitables avec le reste du genre humain. L'entreprise est de celles qui intéressent à égal titre toutes les nations maritimes.

V.

LE FLEUVE AMOUR
ET LES FRONTIÈRES CHINOISES DE L'EMPIRE RUSSE.

Depuis une quinzaine d'années, la presse quotidienne et la presse périodique ont publié des données plus ou moins exactes sur les acquisitions de la Russie dans l'Asie centrale, et les écrivains anglais particulièrement ont toujours présenté ces acquisitions comme très-menaçantes pour les possessions indo-britanniques. Quoi qu'il en soit de ces terreurs vraies ou fausses, il n'en est pas moins certain qu'en 1857, et plus tard encore en 1860, une vaste étendue de pays dans la vallée de l'Amour a été cédée par la Chine à la Russie, et qu'il n'est plus au pouvoir de la Grande-Bretagne, quand même elle en aurait le désir, de réclamer contre cette cession. On a beaucoup écrit sur ces régions, mais un peu à l'aventure, aucun voyageur européen n'y ayant mis le pied avant une date très-récente, et aucun géographe moderne n'en ayant publié de description à laquelle on pût se fier. Ce sont des steppes interminables, coupées de chaînes de montagnes cyclopéennes, et regardées presque comme une terre inconnue.

Ces nouvelles annexes russes s'étendent de l'ouest à l'est sur plus des deux tiers de la frontière méridionale de la Sibérie, longue d'environ huit mille kilomètres, avec une largeur très-variable, et descendent en pointe au sud-est jusqu'aux frontières de la Corée. Car ainsi que nous l'avons vu au précédent chapitre, moins d'un mois après la signature à Pékin par le baron Gros et lord Elgin des conventions de paix entre les puissances occidentales et la Chine, le général Ignatieff, ambassadeur de Russie, obtenait du prince Kong un traité qui cédait à la Russie l'immense territoire compris entre le fleuve Amour et l'embouchure du Tu-Mên, couvrant une superficie d'une dixaine de degrés de latitude du nord au sud et s'étendant de la côte du Pacifique à l'est aux rives de l'Ousouri, l'un des principaux affluents de l'Amour. Si une armée russe au lieu de l'armée anglo-française avait pris Pékin, l'empereur de la Chine n'aurait rien accordé de plus au général-diplomate du czar.

L'Amour, que les Russes visitaient pour la première fois en 1843 seulement, est l'un des fleuves les plus grands de l'Asie. Il a près de 3,500 kilomètres de cours dont les deux tiers navigables par steamers. Avec ses tributaires il arrose un territoire immense qui présente presque toutes les variétés de climat et de sol. C'est, dit-on, le seul cours d'eau sur les bords duquel se rencontrent les animaux indigènes à la zone arctique et à la zone torride. Si étrange en effet que cela puisse paraître, le renne y devient la proie du tigre du Bengale, et le sanglier et le blaireau y vivent côte à côte avec le lièvre du pôle et le glouton.

Ce n'est ni aujourd'hui ni demain, ni peut-être dans dix ou vingt ans, que cet accroissement de puissance se fera sentir ; il faudra peut-être encore un demi-siècle. Mais un demi-siècle ne compte pas plus dans la vie d'une nation jeune, robuste et vigoureuse comme la Russie, qu'une semaine dans la croissance d'un adolescent. Dans les contrées dont nous parlons, les richesses minérales sont d'une incalculable valeur, parce qu'elles n'ont été encore ni exploitées ni explorées, et les produits agricoles, maintenant même, y sont d'une abondance prodigieuse. Il faut aussi se rappeler que les différentes tribus qui habitent ces régions sont, chaque jour, façonnées à la politique du gouvernement russe, de sorte qu'un moment viendra, qui relativement n'est pas très-éloigné, où les czars auront à leur disposition des éléments qui leur permettront d'agrandir encore davantage leurs immenses domaines et d'user à leur gré du prestige de leur force.

Des postes clair-semés de Cosaques, ces merveilleux pionniers de la Russie, sont chargés de maintenir l'autorité du gouvernement russe dans ces lointaines possessions. Ces soldats ne sont guère autre chose que des laboureurs envoyés là pour coloniser le pays. Ils doivent un service de quinze ans pour lequel ils reçoivent un salaire annuel de trois roubles, soit une douzaine de francs, l'Etat leur fournissant d'ailleurs des rations de pain noir et, à l'occasion, un peu de thé.

Les habitants primitifs du Bas-Amour sont représentés par les Ghiliaks, tribus de huit mille âmes environ appartenant à la race tongouse; ces indigènes se livrent surtout à l'industrie de la pêche pour laquelle ils emploient de longs canots à proue élevée appelés *latkas*, presque invariablement manœuvrés par des femmes à l'aide de courtes rames en forme de pelles qu'on fait mouvoir alternativement. Les poissons sont très-abondants dans le fleuve, particulièrement les saumons; on en fait des provisions pour les longs mois d'hiver, comme au Kamtchatka, pour l'alimentation des gens et des chiens. Le poisson avec différentes baies et l'écorce et les racines de divers arbres, constituent presque toute la nourriture des habitants, bien qu'avec un peu de travail il leur serait aisé de faire pousser nombre de légumes d'une nature plus nourrissante.

En amont du fleuve, l'aspect du pays change comme aussi le climat et le caractère de la population. En se rapprochant du lac Baïkal et plus loin encore, chez les Kirghis, par exemple, on trouve la vie pastorale dans tout son développement. L'Anglais Atkinson, l'un des Européens qui, dans ces dernières années, ont le mieux vu les Russes à l'œuvre dans leurs possessions asiatiques du sud et de l'est, fut informé de source à peu près certaine que plusieurs de ces peuplades avaient 2,500 chameaux, 60,000 chevaux, plus de 100,000 bêtes à cornes, et un nombre incalculable de moutons. Un seul chef possédait plus de 9,000 chevaux. Un certain Joul-Bar, chef d'une tribu puissante, en avait 10,000. D'autres individus de sa tribu en possédaient de 5,000 à 7,000 ; ils avaient, en outre, un grand nombre de chameaux et de grands troupeaux de bêtes à cornes. En somme, il n'est pas rare, paraît-il, de trouver des Kirghis possédant 8,000 à 10,000 chevaux, plus de 1,000 chameaux, 20,000 bêtes à cornes et 50,000 moutons.

La vie intérieure de ces chefs à demi-barbares rappelle l'antiquité biblique. Après avoir quitté l'yourte de Joul-Bar, M. Atkinson se rendit chez le sultan Batyr. Il raconte que quand il fut près de l'aoul, trois Kirghis vinrent au-devant de lui pour le conduire auprès du sultan, dont l'yourte se distinguait facilement des autres à une lance plantée à l'entrée et au fer de laquelle une longue touffe de crin noir flottait au vent. A son arrivée, le sultan s'avança, prit les rênes de son cheval, lui tendit la main pour descendre et le fit entrer dans sa demeure. A terre, étaient étendus un tapis de Bokhara et des peaux de tigre, sur l'une desquelles on le pria de s'asseoir, après quoi le maître du lieu s'assit à son tour en face de lui, et l'on plaça devant l'étranger du thé et des fruits secs.

Batyr était un vieillard encore vert, âgé de plus de quatre-vingts ans, à la physionomie bienveillante et douce, au teint vermeil, aux cheveux blanchissants. L'yourte était spacieuse ; elle avait douze mètres de diamètre et cinq de hauteur. Un jeune garçon alimentait un feu ardent allumé au milieu, et çà et là étaient épars des ballots et des caisses qui contenaient le trésor du vieillard. Près de sa selle se trouvait le fauteuil d'apparat que, dans les occasions solennelles, on place sur le chameau qui précède le sultan : ce fauteuil est orné aux quatre coins de plumes de paon, emblème qui a pour but d'indiquer que le sultan est un des descendants des Tamerlans. Un beau faucon était sur un perchoir, vis-à-vis d'un grand aigle noir enchaîné à un bloc de bois, mais non chaperonné. Les Kirghis se servent du faucon pour chasser le faisan et autre gibier à plumes, et de l'aigle pour chasser le renard, le daim et le loup.

La sultane et les jeunes femmes, assistées des plus jeunes enfants, traient les vaches, les brebis et les chèvres. C'est le devoir habituel, soir et matin, des femmes et des filles de ces princes de la steppe, qui sont aussi fiers de descendre du grand conquérant qu'aucun noble d'Europe peut l'être de faire remonter son origine aux croisades. La jeune fille de ces contrées ne rougit point de traire les vaches, ni comme une véritable amazone, de seller son cheval, ni encore moins de poser sur son poing un faucon tout prêt à s'élancer sur sa proie.

Dans le but de mener à bonne fin ses projets sur le bassin du fleuve Amour, l'empereur Nicolas décida que toute la population des pays situés au-delà du Baïkal serait organisée en corps de Cosaques.

De 1689 à 1854, la jonction de l'Argoun et de la Silka était le point le plus oriental de l'empire russe dans la région de l'Amour ; mais, pendant cette période de cent soixante-cinq ans, les Cosaques de la frontière ont pénétré constamment dans le pays situé au nord et en aval de l'Amour, et bien avant les dernières annexions, il a circulé plusieurs récits vagues de conflits entre ces hardis chasseurs et la race des Mandchous.

La Russie a aujourd'hui, avec une extrême adresse, pris possession des grands cours d'eau et du seul qui donne accès de la mer aux vastes plaines de l'Asie centrale. L'Amour est une grande voie navigable extrêmement précieuse. Il ouvre une communication par eau avec la vaste contrée qui borde la mer du Japon et avec les déserts du Gobi. On ne saurait trop faire ressortir l'importance de cette voie pour la Sibérie. Les produits de ce pays doivent tôt ou tard suivre cette direction pour gagner l'Océan et de là se répandre chez les autres nations.

En 1728, l'autorité du Céleste Empire prédominait dans la Mandchourie. La Russie, à cette époque, subissait de nombreuses insultes, et Sa Majesté chinoise regardait la Moscovie comme sa vassale. Aujourd'hui, la puissance du czar, dans ces régions, est un fait incontestable et incontesté.

Les descendants de ces hommes qui, en 1728, étaient obligés de battre en retraite en abandonnant leurs établissements, ont pris en 1854 possession de ce grand fleuve, depuis sa source jusqu'à la mer, et annexé en six semaines près de la moitié de la Mandchourie à l'empire russe. Ils ont encore en 1860, nous l'avons dit plus haut, arrondi cette annexion d'un vaste territoire sur la rive droite du fleuve, et M. Atkinson n'est pas loin de la vérité en disant qu'au besoin rien n'empêcherait les Cosaques du czar de faire faire un beau jour, au Fils du soleil et à ses mandarins, un plongeon dans le golfe de Pé-tché-li.

La politique et le commerce russes se sont déjà ouvert la Dzoungarie. Les Mandchous ont appris la valeur des roubles d'argent; ils prennent volontiers cette monnaie, ainsi que le drap écarlate, en échange de leurs fourrures; et les vapeurs russes, s'il le faut, remonteront le fleuve, malgré les escadres de n'importe quel pavillon qu'on enverrait pour s'y opposer. C'est toutefois un bonheur pour la Russie que la vallée de l'Amour ait été annexée à l'empire sans la moindre résistance des indigènes. On s'est empressé de placer des postes de Cosaques sur différents points, et les colonies russes s'établissent partout sans opposition.

Dans un petit nombre d'années, l'aspect de cette contrée sera considérablement changé; les bords de l'Amour verront des villes florissantes; les navires mouillés dans ces parages indiqueront que la population se livre activement au commerce et à l'industrie, tandis que de nombreuses églises blanches, avec leurs nombreuses tourelles et leurs dômes verts, annonceront que la religion et la civilisation ont pris la place de la superstition et de la barbarie. Un pays comme celui-là, où, entre les mains d'une population industrieuse, l'agriculture et l'élève du bétail peuvent prendre un développement illimité ; un pays où l'on peut se procurer aisément toutes les choses nécessaires à la vie est, avec un gouvernement juste et sage à sa tête, destiné à un avenir magnifique.

FIN.

TABLE DES MATIÈRES.

                                                                              Pages.

Avant-Propos. . . . . , . . . 5

I. Le Siam et les Siamois.
    I. Géographie. — Population. — Botanique. — Minéralogie. — Zoologie. 3
    II. Habitants. — Costumes. — Habitations. — Condition civile. 13
    III. Gouvernement. — Institutions civiles. — Commerce. — Revenu. 17
    IV. Religion du bouddhisme. — Prêtres. — Temples. — Culte. 25
    V. Langue. — Littérature. — Lois. 38
    VI. Arts. — Divisions du temps. — Monnaies. . . 47
    VII. Mœurs et coutumes. 51
    VIII. Notions historiques.—Considérations générales. 63

II. L'Indo - Chine centrale.
    Géographie. — Ethnographie. — Mœurs. 71

III. La Chine.
    Caractère national. — Condition sociale. — Géographie physique. — Ressources agricoles, industrielles et commerciales. 109

IV. La Corée.
    Géographie. — Ethnographie. — Condition sociale.— Mœurs. 158

V. Le fleuve Amour et les frontières chinoises de l'empire russe. 209

TABLE DES GRAVURES.

Palais du roi de Siam. . . . . Frontispice.

                                                                              Pages.

Pont rustique au Siam. 49

Cascade dans les montagnes de Chantaboun. 81

Rencontre d'un tigre. 102

Jonque chinoise. 129

Torrent dans le Szu-tchouan. 140

Côte de Corée. 167

Cimetière à Kang-Hoa. 206

www.ingramcontent.com/pod-product-compliance
Lightning Source LLC
Chambersburg PA
CBHW062001180426
43198CB00036B/1904